하나님 나라의 진주를 구하다

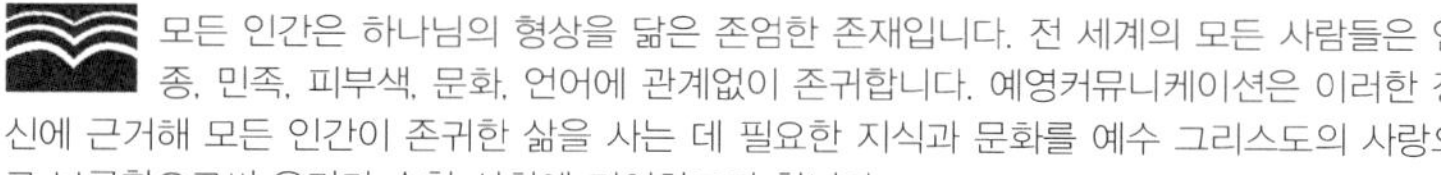

하나님 나라의 진주를 구하다

펴낸 날 · 2012년 3월 16일 | **초판 1쇄 찍은 날** · 2012년 3월 12일
지은이 · 이재기 | **펴낸이** · 김승태
등록번호 · 제2–1349호(1992. 3. 31) | **펴낸 곳** · 예영커뮤니케이션
주소 · (136–825) 서울시 성북구 성북1동 179–56 | **홈페이지** www.jeyoung.com
출판사업부 · T. (02)766–8931 F. (02)766–8934 e–mail: edit1@jeyoung.com
출판유통사업부 · T. (02)766–7912 F. (02)766–8934 e–mail: sales@jeyoung.com

copyright ⓒ 2012, 이재기
ISBN 978–89–8350–786–0 (03230)

값 11,000원

성경적 가치회복을 통한 삶과 신앙의 혁신

하나님 나라의 진주를 구하다

이재기 지음

예영커뮤니케이션

감사의 글

이 책의 기본적인 아이디어는 사랑빛는교회에서 했던 시리즈 설교에서 나왔다. 신실하게 말씀을 듣고 들은바 말씀에 따라 자신의 삶에서 성경적 가치대로 살려고 애쓰는 성도들에게 감사한다. 하나님 말씀의 가치를 알고 매주일 그 말씀에 귀를 기울이는 귀한 성도들이 있어 얼마나 행복한지 모른다. 글 쓰는 작가이자 교수인 담임목회자를 이해해 주고 기도와 격려로 후원해 주는 그들은 참으로 고맙고 소중한 사람들이다. 앞으로 함께 '하나님 나라의 진주'를 구하며 또 많은 사람들과 그것을 나눔으로써 그야말로 '세상의 희망이 되는 교회'를 세워 갈 수 있기를 바라고 또 바란다.

사람으로서 바른 가치관을 품고 사는 것이 얼마나 중요한가를 어릴 때부터 가르쳐주신 부모님에게도 감사드린다. 성장기에 한때 방황하긴 했지만 부모님 덕분에 책이나 학문, 정신문화나 영적인 것의 중요성을 일찍부터 감지할 수 있었다. 부모님은 물질적이거나 외형적인 것들보다 더 소중한 것들이 이 세상에 많음을 직간접적으로 내게 가르쳐주셨고 또 몸소 그런 것들을 추구하며 사셨다.

성경적 세계관과 가치관을 건전한 신학적 틀과 함께 내게 심어 준 달라스신학대학원의 교수님들에게도 감사드린다. 그분들은 성경적 가치관대로 사는 삶이 그리스도인에게 얼마나 필요하며 또 아름다운가를 내게 보여 주셨다.

내가 이 책을 쓸 수 있도록 글을 통해 정보와 지식, 영감을 준 많은 작가들과 학자들에게도 감사한다. 이 책의 마지막에 있는 50여 개의 주는 그들의 정체를 부분이나마 밝혀 주고 있다. 물론 그들 외에 더 많은 사람들이 이 책을 쓰는 데 있어서 내게 지적으로나 영적으로 도움을 주었음은 말할 것도 없다. 책을 집필하기 전에는 잘 알지 못했지만, 학문적인 책이든 아니든 상관없이 한 권의 책을 쓰기 위해서는 많은 책을 읽고 참고해야 한다. 더 좋은 글을 쓰기 위해 더 많이 읽고 공부할 것을 다짐해 본다.

출판을 결정해 주신 예영 커뮤니케이션의 김승태 대표님과 부족한 글을 좋은 책으로 만들어 주신 편집부에게도 감사드린다. 꼭 유명하고 잘 팔리는 책을 만들기보다 '한국 교회와 그리스도인들이 말씀 위에 바로 설 수 있도록 지성의 맥을 여는' 책을 만들고자 하는 그들의 고집에 공감하며 경의를 표한다. 사랑하는 아내와 하늘, 풀잎 두 아이들에게도 감사한다. 그들은 하나님께서 주신 내 마음의 '진주들'이다.

마지막으로 이 책을 읽게 될 독자에게 감사드린다. 그들 때문에 이 책의 가치가 더 올라갈 것이라고 믿는다. 부족하지만 이 책을 통해 많은 독자들이 '하나님 나라의 진주'를 발견할 수 있기를 바란다. 그래서 성경적 가치관으로 재무장되고 소중한 것을 귀하게 여기며, 나아가 세상을 이기고 하나님 나라를 이 땅에 구현할 수 있기를 간절히 기원한다.

사랑빛는교회 목양실에서
이재기 목사

인사동의 그리 크지 않은 골동품 가게에 한 중년 남자가 들어왔다. 안에는 자질구레한 장신구와 조악한 액자 그리고 모조품 따위가 전시되어 있었다. 두리번거리며 가게를 둘러보던 남자는 가게 한구석에 고양이 한 마리가 오래된 도자기처럼 보이는 그릇에 머리를 들이댄 채 핥고 있는 것을 보았다. 아무래도 범상치 않은 그릇 같아 가까이 다가가 보니 값을 헤아릴 수 없는 중국 명나라 때의 유물이 아닌가! 그 가게와 안에 있는 모든 물건을 송두리째 팔아도 이 접시를 살 수 없을 만큼 비싼 보물이었다. 이처럼 귀한 도자기를 고양이 밥그릇으로 쓰고 있는 주인은 그 가치를 모르는 것이 분명했다. 남자는 자신이 일생일대의 기회를 맞았음을 알았다. 그는 재빨리 머리를 굴려 푼돈에 보물을 손에 넣을 방법을 궁리했다.

"주인장, 그 고양이 한번 멋지구려. 얼마던 팔겠소?"

“죄송하지만 파는 게 아닙니다. 가게 안의 쥐들을 청소해 주거든요.”

남자는 조바심이 났지만 짐짓 태연한 척 다시 흥정을 했다.

“내가 꼭 키우고 싶어서 그래요. 얼마? 50만 원이면 되겠소?”

주인이 못 이기는 척 말했다.

“정말 파는 게 아닌데…. 정 그러시다면, 그렇게 하시지요.”

남자는 이제 본격적으로 작전에 돌입했다.

“보자, 고양이 밥그릇까지 아예 사가는 게 좋겠는데…. 이러면 되겠군. 내 5만원 더 얹어 줄 테니 우유를 담는 저 접시까지 주시구려.”

“저 접시요? 절대 안 됩니다. 사실 저건 중국 명나라 때의 도자기거든요. 제가 가장 아끼는 보물이지요. 값을 따질 수가 없어요. 재미있는 이야기 하나 해 드릴까요? 글쎄 저걸 들여온 후로 고양이를 열일곱 마리나 팔았지 뭡니까.”[1]

보물의 가치를 아는 사람들이 벌이는 머리싸움이 흥미롭지 않은가? 그러나 이 이야기에 나오는 두 사람처럼 무언가의 가치를 제대로 분별하는 눈을 가진 사람은 이 세상에 그리 많지 않다. 재능 있는 작가 존 오트버그John Ortberg의 지적처럼 귀한 것을 분별하여 귀하게 여길 줄 아는 능력은 “세상에서 가장 드물고 가장 소중한 은사 가운데 하나”라고 말할 수 있다. 생각해 보라. 가치가 있는 것과 그렇지 않은 것을 제대로 파악할 수 있다면 우리 인생은 틀림없이 성공의 가도를 걷게 될 것이다. 그렇지 않겠는가!

불행하게도 오늘날 많은 사람들은 무엇이 가치 있는 것인지를 알지 못하는 것 같다. 거짓의 달인이요, 우리의 원수인 사탄이 이 세상에 쳐들어와 모든 것의 가격표를 뒤죽박죽으로 만들어 놓았다. 그는 지금도 우리의 가치관을 왜곡시키고 분별력을 앗아 가기 위해 안간힘을 쓰고 있다. 자신의 추종 세력들을 총동원하여 그럴듯한 선전과 현란한 포장으로 거짓 가치를 꾸미고 사람들을 현혹시켜 판단을 흐리게 한다. 그들은 TV와 인터넷을 비롯한 온갖 수단을 다 활용하여 세속적이고 非성경적인 가치관을 우리 마음에 심으려고 애를 쓴다. 그게 더 나은 가치관이고 우리 삶에 더 큰 유익을 가져다줄 것처럼 선동을 일삼지만 사실 그것은 우리 삶을 빈핍하게 하고 파멸로 이끌 따름이다.

나의 삶을 돌아봐도 그렇지만, 안타깝게도 하나님을 믿고 성경의 가르침을 받는다고 고백하는 그리스도인들조차도 그 거짓 선전과 선동에 현혹되어 잘못된 가치를 끌어안을 때가 종종 있다. 적당히 헌금도 하고 봉사하면서 교회를 다니지만, 하나님을 모르는 사람들과 별 차이 없는 선택을 하거나 그런 라이프스타일을 영위하는 것은 바로 원수의 작전에 말려들었기 때문이다. 사기꾼에 속아 진짜 보물을 모조품과 바꾸는 어리석은 자처럼 정말 귀중하고 값진 것을 내버리고 거짓 가치를 좇아 사는 명목상의 그리스도인은 아닌지 우리는 자신을 수시로 살펴볼 필요가 있다.

가치란 무엇인가? 웹스터 사전에 의하면 가치란 "돈이나 다른 것으로 환산되는 어떤 것의 값어치"이다. 브리태니커 사전은 "어떤 사물, 현상, 행위 등이 인간에게 의미 있고 바람직한 것임을 나타내는 개념"으로 정의한다. 이런 정의가 함의하고 있듯이 우리는 자신이 가치를 두는 것에 시간과 재물, 심지어는 우리 생명까지도 기꺼이 투자한다. 왜냐하면 그것은 그만한 값어치가 있다고 생각되는 것이며 그렇게 하는 것이 의미 있고 바람직하다고 여겨지기 때문이다.

언젠가 아버지께 친구 분들의 이야기를 들은 적이 있다. 여윳돈이 생기면, 어떤 친구는 옷을 사고, 어떤 친구는 좋은 식당에 가서 외식을 하고, 또 다른 친구는 책을 구입한다고 하셨다. 아버지께서는 그 친구 분들이 그렇게 돈을 사용하는 것을 조금도 아까워하지 않았으며, 오히려 너무도 즐겼다고 덧붙이셨다. 그럴 수밖에! 그들은 각자의 가치에 따라 행동하고 선택했기 때문에 당연히 그랬을 것이다. 릭 워렌Rick Warren 식으로 표현하자면, 우리는 누구나 '가치가 이끄는 삶'Value Driven Life을 산다.

이 원리는 부정적이고 잘못된 삶의 선택에 대해서도 동일하게 적용된다. 우리는 간혹 돈을 받고 자기 아이를 남에게 가짜로 입양시킨 부모나, 보험금을 노리고 부모를 살해한 패륜아에 대한 소식을 접하게 된다. 놀라움을 금치 못하는 이런 일들은 그들이 가진 왜곡된 가치에서 기인한 결과물이다. 왜 성직자가 돈을 주고 직위나 학위를 사며, 기업가는 비윤리적인 방법으로 회사를 운영하는가? 왜 부모들은 자녀의 성품이나 영성보다는 학업 성적에 더 열을 올리는가? 왜 학자들은 조작된 연구결과를 발표하고, 정치가들은 왜 거짓으로 표를 모으는가? 또한 결혼적령기의 청년들은 왜 외모나 외적 조건들을 가지고 배우자를 결정하는가? 결국 따지고 보면, 다 가치관의 문제이다.

이제 이 문제를 그리스도인의 삶과 사역에 한번 적용해 보자. 어떻게 하면 좋은 그리스도인이 되는가? 어떻게 하면 하나님 나라의 훌륭한 일꾼으로 살아갈 수 있는가? 무엇보다도 먼저 가치관이 바뀌어야 한다. 나는 한국의 한 영향력 있는 목회자가 사람을 바꾸려면 무엇보다 먼저 가치의 변화에 초점을 두라고 한 충고에 공감한다.[2] 내 은사이신 달라스신학대학원의 빌 로렌스Bill Lawrance 교수가 교회를 바꾸려면, 프로그램보다 성도들의 가치를 먼저 바꿔야 한다는 말도 같은 맥락에서 이해할 수 있다. 가치관의 변화야말로 모든 변화의 기초이며, 하나님께 쓰임 받는 삶의 열쇠이다. 사실 아무리 교회를 오래 다녔어도 성경적 가치관을 진심으로 껴안지 않는다면, 하나님 나라에 대한 참된 헌신이나, 영적 성장 또는 영향력 있는 삶이 불가능하다. 바울은 디모데에게 보내는 두 번째 편지에서 경건하게 보이는 사람들 가운데 "자기를 사랑하며 돈을 사랑하며…쾌락을 사랑하기를 하나님 사랑하는 것보다 더하는"딤후 3:2,4 사람들이 있다고 분명히 말했다. 바울이 사용한 '사랑'은 가치의 단어이다. 생각해 보라. 교회출석, 기도, 봉사와 같은 종교생활을 열심히 해서 남 보기에 그럴듯하게 보인다 해도 마음속 깊이 자기 사랑, 돈 사랑, 쾌락 사랑의 가치관을 가진 교인이 있다면, 그런 사람들이 어떻게 제대로 된 그리스도인의 삶을 살겠는가?

그동안 한국 교회는 숫자적으로 괄목할 만한 성장을 이루어 왔다. 그러나 그 성장에 걸맞게 영향력을 끼치거나, 사회적 변화를 유도하지 못한 것은 우리 생각이 새로워지지 않고 가치관이 변하지 않았기 때문일 것이다. 늦었지만 이제라도 올바른 가치관을 회복해야 한다. 사탄의 교란작전이나 거짓 선동에 휘둘리지 말고 하나님께서 귀하게 여기시는 참된 가치를 발견하고 그것에 투자해야 한다. 더 나아가 원수의 거짓 가치가 지닌 해악과 위험을 경고할 뿐 아니라 하나님 나라의 아름다운 가치를 보여 줌으로써 더 많은 사람들이 성경적 가치에 눈을 뜨도록 도와주어야 한다.

이 책은 그리스도인들이 '하나님 나라의 진주'인 참된 가치를 회복하고 그 가치의 매력을 발견하며 그에 따른 삶의 선택과 투자를 하는 데 도움을 주기 위해서 쓰였다. 1부에서는 가치의 중요성과 물질주의로 대변되는 오늘날의 잘못된 가치를 피하는 문제에 대해 그리고 어떻게 올바른 가치를 분별하여 그 가치를 좇아 살지에 대해 썼다. 2부에서는 우리를 빚어 주는 가치들, 즉 성경, 믿음, 경건, 마음에 대해 다루었다. 이것들은 우리의 성품과 삶을 아름답게 형성시켜 준다. 3부에서는 우리를 사로잡는 가치들, 즉 하나님, 잃어버린 사람들, 교회, 하나님 나라의 가치를 설명하였다. 우리는 이 가치들에 우리의 열정을 바쳐야 한다. 각 장의 말미에는 '진주 나눔터'라는 스터디 가이드가 있다. 소그룹에서 구성원 각자가 한 장씩 읽고 그 가이드에 따라 서로의 생각을 나누면 올바른 가치를 회복하고 그것을 자기 것으로 만드는 데 많은 도움이 될 것이다. 본문에 인용된 성경구절은 개정개역본이며, 상황에 따라 표준새번역과 쉬운 성경을 겸하여 사용했다.

이제 가치 탐험의 대장정에 오르자. 미국 서부개척 때 금을 찾아갔던 모험가들처럼 기대감으로 부푼 가슴을 안고 '하나님 나라의 진주'를 찾아 나서자. 그것을 소유한다면, 우리의 삶은 이전과 같지 않을 것이다.

01

성경적 가치를 찾아서

1장
운명을 뒤바꾼 거래

한 할머니가 TV를 보고 있었다. 이대호 선수의 얼굴로 가득 찬 화면 아래 '이대호 몸값 100억 요구'라는 자막이 하단에 나타났다. 할머니는 화난 표정으로 화면을 보면서 "저런 천벌을 받을 놈!"이라고 소리를 치셨다. 인질범인 줄 알았던 모양이다.

모든 것에는 가격이 있다. 이대호의 몸값처럼 억대짜리도 있고, 볼펜 한 자루처럼 몇 백 원짜리도 있다. 가격표가 붙여진 시장 물건만이 아니라, 집 안 구석에 처박힌 할머니께서 쓰시던 낡은 옷장도 가격이 있다. 미국 유학 시절에 "Price is Right"라는 인기 TV 프로그램이 있었다. 이 프로는 어떤 물건들을 보여 주고 출연자들이 나름대로 가격을 추정하게 하여 가장 정가에 근접한 가격을 제시한 사람이 이기는 쇼 프로그램이었다. 때로는 디지털 피아노나 오디오, 고급 전화기 같은 물건들을 진열해 놓고 그것의 가격을 순서대로 배열하도록 하는데, 생각보다 맞추는 것이 어렵다.

어떤 것의 가격, 즉 가치를 아는 것은 언제나 그리 용이하지 않다. 이 세상에는 골동품과 같이 전문가의 감정이 없으면 그 가격을 짐작조차 할 수 없는 것들도 많다. 뿐만 아니라 예술이나 사상, 문화나 영성과 같이 비물질적인 영역은 가치를 매기는 일이 더욱 어렵다.

인생을 손해 보지 않고 살려면, 모든 것의 가격을 제대로 알아야 한다. 그렇지 않으면, 바가지 쓰기 십상이다. 물론 누구든 바가지 쓰기를 원치 않지만, 실제로 대부분의 사람들은 뭐가 귀한 것인지 아닌지를 잘 모른다. 그래서 이를 가리켜 가치관이 잘못되었다고 말한다. 비극적인 것은 많은 사람들이 잘못된 가치관을 가지고 있으면서도 그 사실조차 인식하지 못한다는 점이다. 이들은 바보짓을 하면서도 스스로 똑똑한 줄 안다. 인생은 가격을 제대로 아는 사람의 것이다. 결국은 제대로 된 가치관을 가진 사람이 승리한다.

이제 구약에 기록된 한 쌍둥이 형제의 이야기를 살펴보려고 한다. 이들은 날 때부터 싸웠다. 둘은 쌍둥이였지만, 신기하게도 너무나 달랐다. 생김새, 성격, 취향도 달랐지만, 무엇보다 가치관이 달랐다. 그들의 이야기에 주의를 기울여 보자.

어느 쌍둥이 형제 이야기

지금도 오랫동안 불임으로 어려움을 겪던 부부가 기적적으로 아이를, 그것도 쌍둥이를 잉태하면, 그 기쁨은 이루 말할 수가 없을 정도이다. 이삭과 리브가도 그랬을 것이다. 리브가는 불임이었지만, 하나님께서 이삭의 기도를 들으시고 리브가의 태를 열어 주셔서 쌍둥이를 임신하게 되었다. 그러나 리브가는 뱃속의 두 태아가 싸우는 바람에 고통을 견디기 어려웠다. 그녀는 이 문제를 가지고 하나님께 나아가 여쭈었고 하나님께서는 이렇게 대답해 주셨다. "두 국민이 네 태중에 있구나 두 민족이 네 복중에서부터 나누이리라 이 족속이 저 족속보다 강하겠고 큰 자가 어린 자를 섬기리라."^{창 25:23}

달이 차서 해산할 때가 되었을 때, 예비 아빠, 엄마는 호기심과 기대감으로 가득 차 있었을 것이다. 어떤 아이가 나올지, 누구를 닮았을지. 물론 첫 출산에 대한 두려움도 있었을 것이다. 두 아이를 낳은 내 아내의 말도 그 고통은 설명하기 어렵다고 했다. 리브가라고 왜 고통과 두려움이 없었겠는가? 출산을 도와줄 산파가 동원되고, 잔뜩 찡그린 얼굴에는 식은땀이 흘렀을 것이다. 힘주라고 소리치는 산파, 산모의 고통과 신음 소리 그리고 … 아이가 나왔다. 더 정확히 말하면 아이들이 나왔다. 하나님께서 예고하셨던 것처럼 쌍둥이였다.

그런데 희한한 모습이 펼쳐졌다. 우선 이 쌍둥이는 완전 딴판이었다. 먼저 나온 아이는 피부가 붉고 온몸이 털북숭이였지만, 뒤에 나온 아이는 피부가 매끈했다. 더 놀라운 사실은 동생이 형의 발뒤꿈치를 잡고 있는 것이 아닌가! 부모는 먼저 나온 아이의 이름을 '털북숭이'라는 의미의 에서로, 뒤에 나온 아이의 이름을 '붙잡는 자'라는 의미의 야곱으로 지었다.

에서는 '붉다'라는 의미의 에돔으로 불리기도 한다.

두 아이는 자신의 이름에 걸맞게 자라 간다. 에서는 털북숭이 동물처럼 들판을 뛰어다니며 능숙한 사냥꾼이 된다. 야곱은 차분한 성격으로 정적靜的이었지만 머리를 굴리고 교묘하며 끈질기게 누군가를 정복하고 조종하려 한다. 이 형제의 관계는 서로를 좋아할 수 없는 성격인데다 부모의 편애로 그 간격이 더 벌어지게 된다. 이삭은 에서가 사냥한 고기에 맛을 들여 에서를 더 좋아하게 되었고 리브가는 집에 있는 야곱을 더 좋아했다.

창세기 25:27-34에는 이 형제의 남은 삶을 결정지었다고 해도 과언이 아닐 인생의 '분수령'defining moment이 기록되어 있다. 이 사건은 어떻게 약속의 가계에서 장자권이 형인 에서에게서 동생 야곱에게로 넘어갔는지를 설명해 준다. 또한 에돔 족속이 아닌 이스라엘 민족이 어떻게 하나님의 선민이 될 수 있었는지를 '인간의 선택'이라는 관점에서 설명해 주기도 한다.

어느 날 야곱이 붉은 죽을 끓이고 있는데, 사냥을 마친 에서가 허기진 배를 안고 들에서 돌아왔다. 에서는 음식 냄새를 맡고 집 안으로 뛰어 들어오면서 동생에게 소리쳤다.

"야, 냄새 정말 죽이는구나! 그 붉은 것 냄새지? 그래, 맞아. 그 죽을 내게 좀 줄 수 없겠니? 배가 고파 죽을 지경이야. 아, 정말 죽겠다구!"

그러나 야곱은 그리 쉽게 먹을 것을 내주지 않고 조건을 걸었다.

"형이 장자의 권리를 내게 준다면, 한번 생각해 볼 수는 있지."

에서는 몸이 달아 말했다.

"야, 내가 지금 아사할 지경인데, 그까짓 장자의 권리가 뭐 그리 대단한 거냐? 그따윈 너 다 가지고 대신 죽이나 가득 담아 다오."

그러나 장자권 사냥에 나선 야곱은 침착하고 치밀했다. 그는 형에게 맹세를 요구했고 형은 조금의 주저도 없이 장자권과 죽을 맞바꾸겠다고 맹세했다. 그제야 야곱은 형에게 죽을 주었고 에서는 게걸스럽게 음식을 "먹고 마시고 일어나서 나갔다."

후에 고령으로 눈이 안 보이는 아버지 이삭이 장자인 에서를 축복해 주려 할 때, 야곱은 어머니의 도움으로 형처럼 털북숭이 변장을 하고 장자의 축복을 대신 받아, 죽으로 장자권을 샀던 일을 마무리했다. 아버지께 드릴 별미를 위해 사냥을 나갔던 에서가 뒤늦게 알고 대성통곡을 하며 축복을 구했지만, 이미 물이 엎질러진 후였다.

가치관, 왜 중요한가?

이 쌍둥이 형제 이야기는 몇 권의 책을 쓸 수 있을 정도의 많은 교훈을 우리에게 남긴다. 실제로 영성작가 폴 스티븐스Paul Stevens는 『내 이름은 야곱입니다』Down-to-Earth Spirituality라는 책에서 야곱의 이야기를 통해 출생, 먹기, 가족, 잠자기, 구애, 결혼, 일, 회심, 섹스, 집, 부르심, 옷 입기, 마무리, 죽음의 영성에 대한 교훈을 이끌어 내기도 했다.[3] 그러나 여기서는 이 형제의 가치관에 초점을 맞추고 싶다. 특별히 창세기 25장에 기록된 이들의 이야기를 통해 한 사람이 가지고 있는 가치관이 얼마나 중요한가를 배웠으면 한다.

가치관은 그 사람이 어떤 사람인가를 드러낸다

에서는 왜 그렇게 동생이 쳐 놓은 덫에 쉽게 걸려들었을까? 배가 고팠기 때문일까? 아무리 배가 고팠다 해도 그의 행동은 잘 이해되지 않는다. 바보가 아닌 이상 어떻게 그런 정신 나간 거래를 했단 말인가? 바로 그것이다. 에서는 바보였다. 적어도 가치의 영역에서는 그랬다. 에서의 행동은 그가 장자의 권리를 죽 한 그릇만도 못하게 생각했음을 충분히 보여 주고도 남음이 있다. 혹시라도 이를 놓친 독자가 있을까 봐 창세기 기자는 25장의 두 군데에서 아주 직접적으로 에서의 가치관을 기록한다. 창세기 25:32을 보면 에서는 자기 입으로 "장자의 명분이 내게 무엇이 유익하겠는가"라고 말했다. 표준새번역을 보면 "지금 나에게 맏아들의 권리가 뭐 그리 대단한 거냐?"로 표현되어 있다. 그리고 연이어 34절은 에서가 장자의 권리를 가볍게 여겼다고 서술한다. 에서는 맏아들의 권리를 무가치하게 여기고 멸시했다.

에서의 이러한 가치관은 그가 어떤 사람인 것을 드러내 준다. 히브리서 12:16은 음식 한 그릇에 장자권을 팔아 버린 에서와 같은 "망령된 사람,"profane man 즉 속된 사람이 되지 말라고 권면하면서 에서의 가치관과 그에 따른 행동은 일회성이 아니라 그의 참된 성품, 즉 그가 속물인 것을 나타냄을 분명히 했다. 에서는 영적인 것에 가치를 두지 않고 순간을 위해 사는 모든 속된 사람의 전형이다. 에서는 충동적이고 동물적인 본능의 요구에 쉽게 순종했다. 그가 배가 고팠던 것은 사실이었겠지만 굶주려 아사할 정도는 아니었다. 죽게 되었다는 것은 그의 과장이다. 그는 뛰어 들어오며 '오, 그 붉은 거, 붉은 거, 그것을 내 속에 채워 다오. 그것 외에 내 눈에 보이는 것은 아무것도 없어!'라고 외쳤다. 그는 육신적이고 지상적이었으며, 영원이나 하나님의 뜻 같은 것에 전혀 관심이 없는 속된 사람이었다.

내가 어떤 사람인가를 알고 싶다면 자신의 가치관을 살펴보면 된다. 스스로 다음 질문에 답해 보라.

- 나는 무엇에 높은 가격을 매기는가?

- 무엇을 소중하게 생각하며 참으로 아끼는가?

- 무엇이 내 마음을 점유하며 나의 관심을 앗아 가는가?

- 무엇에 나의 시간과 돈 쓰기를 즐겨 하는가?

- 잠자는 나를 벌떡 일어나게 하는 것은 무엇인가?

내 아들은 고등학생이었을 때 항상 휴대폰을 베개에 파묻고 잤다. 아이의 잠을 깨우고 싶으면 휴대폰을 만지면 된다. 그러면 아이는 정말 마술처럼 벌떡 일어나곤 했다. 당시 아이에게 그것보다 더 중요한 것은 없어 보였다. 자기가 정말 소중하게 생각하는 것이 무엇인지를 종이에 한번

솔직하게 써 보기 바란다. 그것이야말로 당신이 어떤 사람인가를 보여 주는 것이다. 무엇이 더 중요한가?

- 이 땅에서의 부귀영화 vs. 하나님의 보상
- 겉사람의 치장 vs. 속사람의 개발
- 개인적 출세 vs. 하나님 나라의 확장
- 돈 vs. 하나님

무엇을 더 많이 생각하며 무엇에 투자하는가? 가치 체계는 참된 성품을 드러내며 내가 어떤 사람인가를 나타낸다. 가치의 문제는 결국 사람됨의 문제이다.

가치관은 우리 삶의 선택을 결정한다

에서는 장자의 명분보다 음식을 더 가치 있게 생각했기 때문에 그 둘 중에서 음식을 선택했다. 그는 순간과 영원의 갈림길에서 순간을 선택했고 육신과 영혼 중에서 육신을 선택했다. 그는 하나님과 세상 가운데서 하나님을 버리고 세상을 선택한 셈이다. 에서의 선택은 그의 가치관에 근거한 것이었다. 나는 청년 시절에 전혜린이라는 여류작가를 좋아했다. 그녀는 유학 시절 생활비의 절반을 책 사는 데 썼다고 한다. 제대로 못 먹고 비싼 옷을 못 입어도 좋은 책을 읽으면 너무 행복해서 전율했다고 한다. 그녀의 가치관이 그런 선택을 하게 한 것이다.

선택을 한다는 것은 무언가를 희생한다는 말이기도 하다. 에서가 죽

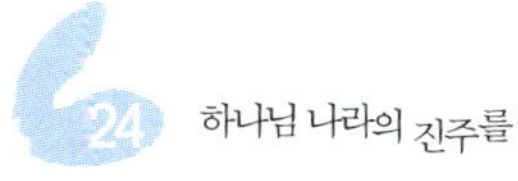

을 선택했다는 것은 장자의 명분을 희생하겠다는 뜻이다. 잘못된 가치관의 문제가 여기에 있다. 잘못된 가치관은 잘못된 선택을 하게 해서 참으로 소중하고 중요한 것을 희생하게 만든다. 이 원리는 올바른 가치관의 경우에도 마찬가지이다. 히브리서 11:24-26에 보면 모세에 대한 기록이 나온다.

> 믿음으로 모세는 어른이 되었을 때에, 바로 왕의 공주의 아들이라 불리기를 거절하였습니다. 오히려 그는 잠시 죄의 향락을 누리는 것보다 하나님의 백성과 함께 학대받는 길을 택하였습니다. 모세는 그리스도를 위하여 받는 모욕을 이집트의 재물보다 더 값진 것으로 여겼습니다. 그는 장차 받을 상을 내다보고 있었던 것입니다. 표준새번역

모세는 상 주심을 바라보았고 그리스도를 위하여 받는 능욕에 가장 큰 가치를 두었기 때문에 하나님의 백성과 함께 고난받기를 선택했다. 그렇기 때문에 애굽의 왕자 자리를 희생했고 잠시나마 죄악의 낙을 누리기를 포기했다. 우리는 순간의 만족과 영원의 보상을 다 가질 수 없다. 지상의 부귀영화와 하늘의 면류관을 다 즐길 수는 없다. 예수님은 우리가 돈과 하나님을 겸하여 섬길 수 없다고 분명히 말씀하셨다.

한 주일학교 교사가 누가복음 16장에 나오는 부자와 거지 나사로의 이야기를 아이들에게 들려주었다. 그런 다음, 살아생전 자기만을 위해 호의호식했지만 죽어서 지옥에 간 부자와 살아서는 어려웠지만 하나님을

믿고 천국에 간 나사로 중에 어떤 사람이 되기를 원하느냐고 물었다. 한 아이가 손을 들고 대답했다.

"저는 살아서는 부자가 되고 싶고 죽어서는 나사로가 되고 싶어요."

그 영악한 아이는 얼마나 우리와 닮았는가? 그러나 우리의 바람과는 달리 이런 일은 일어나지 않는다. 아니 일어날 수가 없다. 우리는 자신의 선택에 결과가 따름을 분명히 알아야 한다. 에서의 선택은 장자의 명분을 영원히 잃는 결과를 가져왔다. 그의 선택은 자신의 남은 삶을 결정지었던 것이다. 히브리서 기자는 후에 에서가 이 선택을 후회하고 장자의 축복을 상속받기를 눈물을 흘리면서 원했지만 돌려받을 수 없었다고 보고한다.^{히 12:17} 우리도 마찬가지이다. 우리가 가진 가치관에 따라 했던 선택은 반드시 어떤 결과를 가져다준다. 어떤 것은 아주 즉각적이고 직접적인 결과를, 어떤 것은 많은 시간이 지난 후에 자기도 모르게 오지만, 모든 선택에는 결과가 있기 마련이다. 바울은 갈라디아서에서 이렇게 경고한다.

> 스스로 속이지 말라 하나님은 업신여김을 받지 아니하시나니 사람이 무엇으로 심든지 그대로 거두리라 자기의 육체를 위하여 심는 자는 육체로부터 썩어질 것을 거두고 성령을 위하여 심는 자는 성령으로부터 영생을 거두리라^{갈 6:7-8}

당장 눈에 보이지 않고, 당장 손에 무엇이 잡히지 않더라도 하나님의 말씀이 가르치는 대로 올바른 선택을 하라. 그것이 이생은 물론 영생에까

지 미치는 결과를 가져다줄 것이다.

　19세기 러시아 정부는 춥고 얼어붙은 땅, 알래스카를 쓸모없다 하여 미국에 팔았다. 당시 미국의 국무장관이었던 윌리엄 시워드^{William H. Seward}는 한 에이커당 2,000달러씩 총 7,200만 달러를 주고 1867년 3월 30일에 151만 8,800평방 km를 구입했다. 미국 국회에서는 왜 국회의 승인 없이 버려진 땅에다 거금을 투자하느냐고 항의가 빗발쳤다. 시워드 장관은 "국회에서 조사해 보시고 말씀하십시오. 하나님이 지으신 것은 쓸데없는 것이 없습니다."라고 대답했다. 국회에서 조사단을 파견해 보니 지하에는 석유를 비롯한 각종 광석이 있었그 연해 얼음장 밑에는 각종 진미의 생선이 있었다. 언뜻 봤을 때 엄청난 낭비를 한 줄 알았지만, 미국은 가치로 따질 수 없는 이익을 얻었던 것이다. 당시 미국인들은 시워드가 했던 선택에 대해 두고두고 감사했으며, 앞으로도 그래야 할 것이다. 시간을 넘어 감사할 수 있는 선택을 하기 원하는가? 그렇다면 먼저 당신의 가치관을 점검하라. 바로 거기에서 선택이 나오고, 선택은 결과를 낳기 때문이다.

하나님은 우리의 가치관을 중요하게 생각하신다

　창세기 27장은 어떻게 야곱이 아버지 이삭으로부터 장자의 축복을 받게 되고 에서는 그것을 놓치게 되는지를 설명한다. 만약 에서가 순간적으로 잘못 판단해서 그릇된 선택을 한 것이라면, 하나님께서 은혜롭게 개입하셔서 상황을 바꾸어 주실 수도 있다. 그러나 하나님은 그렇게 하지 않으셨다. 왜냐하면 그것은 순간적인 판단의 착오가 아니라 가치관의 문제이며, 그 사람의 됨됨이와 관계된 것이기 때문이다. 그래서 하나님께서는 정당하지 못한 방법으로 속임수를 써서 장자의 축복을 받는 야곱도 내버려 두셨다. 물론 하나님께서 야곱의 거짓을 정당화하신 것은 아니다. 야곱의 일생은 그 거짓말의 대가를 두고두고 받은 기록이라 해도 과언이 아니다. 하나님께서 보신 것은 야곱의 가치관이었다. 다른 것은 몰라도 야곱은 무엇이 귀한 것인 줄 아는 안목을 가지고 있었고 그것만큼은 하나님의 인정을 받았던 것이다. 반면 에서의 세속적이고 지상적인 가치관과 그에 따른 그릇된 선택을 하나님은 결코 가볍게 여기지 않으셨다. 이 사건에는 하나님의 주권과 인간의 선택이 다 포함되어 있다. 구약학자 델리취 Franz Delitzsch가 주장한 것처럼 에서가 장자의 특권을 상실한 것은 하나님의 주권적인 선택인 동시에 에서의 자발적인 자기 강등의 결과이다.[4] 하나님은 우리가 어떤 가치를 갖고 어떤 선택을 하느냐를 매우 중요하게 생각하신다.

그런 연유로 예수님은 "진주를 돼지에게 던지지 말라."마 7:6고 하셨다. 복음의 가치를 알지 못하고 은혜의 고귀함을 모르는 자에게 함부로 그것을 주지 말라고 하신 것이다. 왜냐하면, 돼지가 진주를 짓밟듯이 복음의 가치를 모르는 자들은 그것을 남용하고 함부로 할 것이기 때문이다. 반면에 그 가치를 아는 자에게는 은혜에 은혜를 더하신다.

제대로 된 가치관을 가져야 하는 이유가 여기에 있다. 하나님은 우리의 가치관을 중요하게 여기시고 그것에 의해서 우리를 사용하실 것이다. 잘못된 가치관을 가진 사람들은 영적인 것을 무가치하게 생각하기 때문에 하나님의 은혜를 스스로 막는 결과를 가져온다. 하나님께서는 지상의 생각으로 가득 찬 사람이나, 세상적인 가치관에 흠뻑 젖어 있는 교회를 당신의 은혜의 통로로 사용하지 않으신다. 즉 이 땅의 것에 마음이 팔린 사람들에게 영적 축복이나 특권을 부여하지 않으신다. 아니 그렇게 하실 수가 없다. 왜냐하면 어떤 축복을 부여한다 하더라도 그것을 축복으로 느끼지도 못할 것이고 더 나아가 그 선물을 남용하고 함부로 할 것이기 때문이다. 반면 복음과 영적인 것 그리고 하나님 나라의 가치를 아는 자에게는 그것을 더 맡기고 축복하실 것이다.

나의 첫 번째 책인 『회복의 은혜』가 출간된 후, 학교와 교회의 몇몇 동역자에게 책을 선물로 주었다. 여러모로 부족한 점이 많았지만 첫 책이기 때문에 내게는 남다른 의미가 있었다. 한번은 교회 사무실에 들어갔는데, 한 전도사의 책상 위에 그 책이 펼쳐져 있었다. 궁금해서 보았더니 밑줄까지 그어 가며 읽고 있었다. 그 후 며칠 뒤, '회복의 은혜가 너무 달콤해서 책에서 눈을 뗄 수가 없다.'고 문자를 보내왔다. 반면에 어떤 동료는 책을 한 번도 펴보지 않은 채 책꽂이에 깨끗하게 꽂아 놓았다. 생각 같아서는 다시는 이 사람에게는 책을 주고 싶지 않다. 그러나 앞의 전도사에게는 책을 낼 때마다 선물로 주고 싶었다. 누구라도 그런 마음을 갖지 않겠는가? 하나님도 마찬가지이다. 그분은 선물의 가치를 아는 자에게 귀한 것을 맡기실 것이다.

YBH

『목적이 이끄는 삶』*The purpose driven life*의 저자 릭 워렌은 한 목회자들의 세미나에서 설교자나 교사는 YBH를 잊지 말아야 한다고 말했다. YBH는 "Yes, but how?"의 머리글자를 딴 것이다. 그것은 '그래, 당신 말이 맞는 것 같아. 그렇지만 어떻게 그렇게 하냐?'라는 청중의 질문에 관한 것이다. 이 책의 몇몇 독자들도 지금쯤 YBH를 말하는 사람이 있을 것이다. 이제 간략하게나마 그 질문에 답하려 한다. 어떻게 올바른 가치관을 개발할 것인가?

앞에서 우리는 가치관의 문제가 사람됨의 문제라고 말했다. 가치가 변하기 위해서는 사람이 바뀌어야 한다. 가장 근본적인 변화는 예수 그리스도의 복음을 받아들임으로 시작된다. 하나님의 사랑에 마음을 열라. 그분이 우리의 죄를 용서하시기 위해 독생자 예수를 십자가에 다셨다. 하나님께 가장 귀한 것을 우리를 위해 내어 주신 것이다. 이 사랑에 "예"라고 말하면, 하나님의 영이 초자연적인 역사로 우리 마음을 새롭게 만드신다. 우리는 새로운 탄생, 즉 거듭남을 경험하게 된다. 이렇게 새로운 피조물이 되면 근본적으로 세상을 보는 우리의 시각이 변한다. 지금까지 보이지 않았거나 그 가치를 알지 못했던 하나님, 천사, 영원, 영혼을 가진 사람, 천국, 교회 같은 것들이 믿음의 눈을 통해 보이게 된다.

또한 우리는 성경을 배워야 한다. 성경은 하나님의 가치가 무엇인가를 우리에게 알려 준다. 성경을 통해 우리는 하나님이 무엇을 좋아하시고 무엇을 싫어하시는지, 무엇을 귀하게 여기시며 무엇을 하찮게 여기시는 지를 배우게 된다. 또한 우리가 어떻게 올바른 가치를 위해 살며, 가치 전쟁에서 승리할 수 있는지를 가르쳐주기도 한다. 그러므로 성경을 모르는 그리스도인은 영적인 그리스도인이 될 수 없으며 성공적인 그리스도인이 될 수도 없다.

예수님을 본받고 그분과의 관계를 개발하는 것도 가치관의 변화에 반드시 필요한 과정이다. 나는 결혼한 지 26년이 되었다. 결혼 전과 비교해 보면 나의 라이프스타일은 물론 기호도 많이 변했음을 깨닫게 된다. 관계는 당사자들에게 영향을 미친다. 그리고 변화를 이끌어 낸다. 예수님과의 관계도 마찬가지이다. 그분과의 관계가 깊어질수록 우리의 가치관과 인생관은 긍정적으로 변화할 것이다.

뿐만 아니라 우리는 좋은 교회에 속해 공동체의 삶을 살아야 한다. 교회는 하나님의 가족이다. 우리는 가정에서 양육을 받으며 자연스레 가치관을 습득한다. 내가 책을 좋아하고 귀하게 여기는 것은 어릴 적 아버지께로부터 받았던 영향 때문이다. 교육자 집안이었기 때문에 다른 집에 비해 책이 많았다. 아버지께서는 우리가 책을 뛰어넘지 못하게 하실 정도로 책을 소중히 여기셨다. 이런 일은 교회에서도 일어난다. 우리는 교회에서 영적으로 양육 받을 뿐 아니라 무엇이 옳고 그른지, 무엇이 소중하고 하찮은지를 믿음의 식구들로부터 배우게 된다. 우리 교회의 입구에는 우리가 소중히 여겨야 할 것들의 목록이 열거된 액자가 걸려 있다. 공동체로서 교회의 가치관을 적어 놓은 것이다. 나는 때때로 이 목록에 대해 언급하며 성도들의 주의를 환기시킨다. 이런 일들을 통해 교회는 우리의 가치관을 바르게 변화시켜 준다.

마지막으로 우리는 지식을 활용하고 경건을 연습하는 과정을 통해 성숙을 추구해야 한다. 히브리서 5:14은 성숙한 자를 묘사하면서 "그들은 지각을 사용함으로 연단을 받아 선악을 분별하는 자들이니라."고 했다. 표준새번역에 의하면 "그들은 경험으로 선과 악을 분별하는 세련된 지각을 가지고 있는 사람들"이다. 아이들이 어떻게 자라는가 보라. 먹고 마시고, 배우고 시험치고 운동하면서 자란다. 자라게 되면 누가 시키지 않아도 그의 가치관이 변한다. 우리 집 아이들은 터울이 크다. 그래서 큰아이 물건을 둘째가 가지고 노는 모습을 자주 보았다. 큰아이는 성장한 후로 예전에 자신이 그토록 소중히 여기던 만화책이나 장난감, 퍼즐에 한 번도 눈길을 주지 않았다. 가치가 변한 것이다. 어떻게 그렇게 되었는가? 자랐기 때문이다. 영적으로도 마찬가지이다. 우리는 영적 훈련과 다양한 영적 경험을 하고 지식을 활용함으로써 자라게 된다. 그러면 어린아이의 일을 버리게 될 것이 자명하다. 가치관이 변하기 때문이다.

목걸이와 맞바꾼 뉴욕의 건물

뉴욕 5번가에 가면 7층 건물의 카루치 보석상이 있다. 이 보석상 건물의 유래는 다음과 같다. 한 여인이 뉴욕의 맨해튼 거리를 걷다가 보석을 진열해 둔 상점을 보게 된다. 거기서 다이아몬드로 치장 된 진주 목걸이를 보고는 사고 싶은 욕구에 빠진다. 남편에게 사 달라고 부탁했으나 거절당한다. 그 목걸이의 가격이 160만 달러이었기 때문이었다. 여인은 탐심으로 인해 이 목걸이가 없이는 못살 것 같다는 느낌에 빠졌다. 결국 여인은 유산으로 받은 뉴욕 5번가의 7층 건물을 목걸이와 맞바꾼다. 그러나 안타깝게도 여인이 목걸이를 사고 얼마 안 되어 미까모도라는 일본인이 진주 양식법을 개발하면서 진주 목걸이 값이 떨어지기 시작한다. 여인이 목걸이를 산 지 40년 후인 1957년에는 목걸이 값이 35만 달러로 떨어지고 건물 값은 2천만 달러가 되었다. 물론 지금은 차이가 더 벌어졌을 것이다.

시대를 넘어 무엇이 참으로 가치 있을지 잘 생각하면서 살기 바란다. 이 여인처럼 40년 후에 35만 달러밖에 안 될 목걸이를 2천만 달러의 건물과 맞바꾸는 어리석음을 범해서는 안 된다. 내가 투자하는 것, 내가 선택하는 것, 그것이 참으로 가치 있는 것인지, 영원히 남을 것인지 생각해 보며 살아야 한다. 하나님을 모르고 영원한 것에 눈이 먼 세상의 헛소리에 귀를 기울여서는 안 될 일이다. 한 그릇 죽을 장자권과 맞바꾼 망령된 에서와 같은 삶을 살지 않도록 단단히 주의하자. 말씀을 공부하고 예수님을 알아 가며 좋은 교회에 속하는 것은 기본이다. 영적 훈련을 하고 성숙을 추구하여 하나님께서 속사람을 바꾸게 하며 가치관을 변화시키게 해야 한다. 그래야 우리는 하나님의 축복을 제대로 누리며 그 축복을 나누는 삶을 살 수 있다.

1. 에서처럼 정말 귀한 것을 그렇지 못한 것과 바꿔 본 경험이 있는가? 어떤 상황에서 왜 그랬는지 말해 보라.

2. 에서와 야곱의 이야기를 읽으면서 당신에게 가장 큰 깨달음으로 와 닿는 것은 무엇인가?

3. 가치관에 근거한 당신의 어떤 선택이 그 후에 긍정적이든, 부정적이든 아주 심대한 결과를 가져온 적이 있는가?

4. "하나님은 지상의 생각으로 가득 차 있는 사람이나 세상적인 가치관에 흠뻑 젖어 있는 교회를 자신의 은혜의 통로로 사용하시지 않으신다."는 저자의 말에 대해 어떻게 생각하는가? "돼지에게 진주를 던지지 마라."는 예수님의 말씀과 연관하여 이 문제를 생각해 보라.

5. 당신이 가장 소중히 여기는 것들을 5가지를 열거하라. 그리고 그것으로 당신의 인격이나 영성을 평가해 보라.

6. 가치의 변화를 위해 저자가 제시한 5가지의 방안 가운데서 당신에게 가장 필요한 것은 무엇인가? 당신은 어떻게 이를 구체적으로 실천하겠는가?

2장

신종 트로이 목마 내치기

언젠가 조직폭력배들의 생활에 대한 보도를 본 적이 있다. 그 보도는 특별히 그들의 경제생활에 대해 흥미로운 정보를 제공해 주었다. 조폭들은 평균 월수입이 400만 원 정도 된다고 했다. 이는 월 70-80만 원 정도인 미국 조폭들의 평균수입과 비교해 볼 때 대한민국 조폭의 위상을 짐작할 수 있게 하는 것이었다. 조폭들을 대상으로 한 설문조사에 의하면 자기 직업에 대한 만족도도 상당히 높았다. 그 이유는 특별한 전문지식 없이도 일할 수 있고 안정된 수입을 가질 수 있기 때문이었다. 이 보도는 또한 조폭들에 대해 우리가 가지고 있는 한 가지 인식의 오류를 지적해 주기도 했다. 우리는 조폭이 불법을 일삼는 무리지만 무리 내에서는 의리를 지킨다고 알고 있다. '형님' 대신 죄를 뒤집어쓴다거나 두목이 형기를 마치고 나오면 전부 교도소 앞에 와서 큰절을 올리는 모습은 영화나 드라마를 통해서 우리에게 상당히 익숙하다. 그러나 그런 모습은 이제 사실이 아님을 보도는 보여 준다. 조폭들은 더 이상 의리의 집단이 아니었다. 두목도 돈이 없으면 대우를 못 받는다고 했다. 조폭들은 돈에 상당히 민감하며 서로 얼마를 버는지 말해 주지 않고 돈거래도 철저히 한다고 했다. 보도는 조폭 세계도 우리 시대 물질주의의 무풍지대가 아님을 보여 주었다.

이 시대에 물질주의적 가치관이 얼마나 맹위를 떨치고 있는지에 대해서는 설명이 필요 없다. 우리는 다양한 채널을 통해서 물질에 대한 사랑을 배워 가고 있고 심지어 강요받고 있다. 이 시대 물질주의의 전도사들은 화려한 광고와 또래 집단의 압박 등 모든 수단을 동원하여 '사람의 삶life이 그 소유의 넉넉함에 있다.'고 우리를 회유하려 한다. 서점에는 돈 버는 것과 관련된 서적으로 가득 차 있고 "부자 되세요!"는 우리 시대 최고의 덕담이 되었다. 정신을 똑바로 차리지 않으면 자기도 모르게 그런 가치관에 물들고 말 것이다.

물론 물질 자체는 악이 아니다. 물질은 적절히 사용될 때 우리의 삶을 편리하게 하고 하나님 나라를 확장하는 도구가 된다. 재능 있는 작가 도널드 맥컬로우Donald McCullough가 담대히 쓴 것처럼 "돈은 우리를 완성시켜 주며 이 세상에 우리의 가치관을 구현할 힘을 부여"하기도 한다.[5] 그러나 물질이 삶의 도구가 아닌 목적이 되면 문제는 완전히 달라진다. 물질에 대한 욕심이 삶을 이끌어 가는 동력이 되면 물질은 우리의 주인이 되고 신神이 된다. 그렇게 되기란 얼마나 쉬운지…. 우리는 물질을 사랑하고 재물의 축적을 삶의 중요한 목표로 삼으면서도 스스로 속이거나 자신을 정

 하나님 나라의 진주를 구하다

당화하면서 나는 물질주의자가 아니라고 강변한다. 그러면서 점점 더 물질주의의 늪으로 빠져든다.

우리는 이 물질주의적 가치관을 극복해야 한다. 그것은 이 시대의 새로운 우상이다. 물질주의에 속아 살면 우리는 필연적으로 하나님으로부터 멀어질 수밖에 없다. 우리의 삶은 피폐해질 것이며 진정한 인간됨을 실현하지 못할 것이다.

그리스도인이라고 물질주의의 유혹에서 면제된 것은 아니다. 사실 우리는 그것이 유혹인 줄 잘 인식하지도 못한 채 물질주의의 미끼를 문다. 또한 물질주의를 어떻게 종교적으로 포장하는지도 배운다. 나는 오늘날 그리스도인을 가장 쉽게 망치고 교회를 교묘하게 무력화하는 것이 이 물질주의라고 믿는다. 그것은 교회 안에 들어온 트로이 목마와 같다. 물질주의를 극복하는 방안에 대해 생각하기 전에 먼저 우리에게 다가온 물질주의의 유혹부터 살펴보는 것이 순서일 것 같다.

교회 안에 들어온 트로이 목마

트로이 목마에 얽힌 사연을 아는가? 고대 그리스 시대 트로이의 왕자 파리스는 아름다운 스파르타의 왕비 헬레네와 사랑에 빠지게 되었다. 급기야 그녀를 데리고 트로이로 도주하는 사건이 일어났는데, 아내를 빼앗긴 스파르타의 왕 메넬라우스는 형이자, 미케네의 왕인 아가멤논의 도움을 얻어 그리스 도시국가들을 규합하여 트로이를 공격하게 된다. 강한 지도력의 프리아모스 왕과 용맹스러운 왕자 헥토르가 지키고 있는 트로이는 단 한 번도 정복된 적이 없는 철통 같은 요새로서, 아가멤논 왕은 이를 정복하기 위해 최고의 전쟁 영웅인 아킬레스를 전쟁에 참가시킨다. 그러나 전쟁은 쉽게 끝나지 않았다. 그리스군의 아킬레스와 오디세우스, 트로이군의 헥토르와 아이네아스 등 숱한 영웅들과 신들이 얽혀 10년 동안 지루한 전쟁이 이어지고 양측 병사들이 지쳐 갈 무렵, 이타카의 왕인 오디세우스의 계략으로 그리스군은 거대한 목마를 남기고 철수하는 위장 전술을 펴게 된다. 여기에 속아 넘어간 트로이군은 성 안으로 목마를 들여놓고 승리의 기쁨에 도취되었다. 새벽이 되어 목마 안에 숨어 있던 오디세우스의 군대가 빠져 나와 성문을 열어 주면서 철통 같은 트로이는 함락되었다.

물질주의는 확실히 교회 안에 들어온 트로이 목마이다. 우리가 방심한 사이 그것은 어느새 우리 안에 자리 잡고 우리의 빗장을 원수들에게 가만히 열어 주고 있다. 물질주의는 주님에 대한 우리의 충성심을 약화시키고 우리의 사명을 망각하게 한다. 그것은 은근슬쩍 우리의 관심을 돈 버는 일이나 부의 축적에 돌리게 하고 우리의 사랑을 빗나가게 만든다.

행여 물질주의가 공격을 받을까 봐 원수는 그럴듯한 신학의 옷까지 입혔다. 소위 '번영의 복음'Health & Wealth Gospel을 외치는 부흥사의 소리가 많은 교회의 강단과 회중석을 쩌렁쩌렁 울린다. 이 유사복음의 전도사들에 의하면 더 많은 물질은 더 큰 축복을 의미한다. 사람들이 물질을 어떻게 사용하든 물질에 대한 태도가 어떻든 상관없다. 이 거짓 복음의 전도 사들은 부자가 되려면 믿음이 있어야 한다고 다그치면서 그 믿음을 헌금을 내어 증명하라고 사람들을 선동한다. 물론 이렇게까지 노골적이지 않더라도 물질주의를 정당화시키거나 부추기는 종교적 수사는 어디서나 들을 수 있다. "창고가 차고 넘치는 복을 받기 원하는가? 무조건 십일조부터 드려라", "하나님은 자기 자녀들이 부유하게 살기를 원하신다. 당신의 부는 하나님의 축복을 보여 주는 바로미터이다." 어디선가 들어본 것 같지 않은가? 그 말들의 함의는 다음과 같다. "라이프스타일이 어떻든 직업윤리가 어떻든 어떤 동기로 헌금을 했던 십일조를 드리는 부자라면 당신은 하나님께 축복받은 사람이다. 그러므로 당신은 교회에서 행세를 하고 소리를 높일 자격이 충분히 있다. 왜냐하면 당신은 축복받은 사람이므로 … 당신의 부가 그것을 증명하지 않는가?"

사실 물질주의라는 트로이 목마는 개개의 그리스도인만 노리고 있지 않다. 교회공동체와 지도자들도 위험에 처해 있다. 오늘날의 교회를 보라. 물량주의의 어두운 그림자가 교회를 뒤덮고 있다. 많은 경우 교회의 성공은 사이즈로 측정된다. 더 많은 사람이 모이고 더 많은 헌금을 거두어들이며, 더 웅장한 건물이 있는 교회는 성공한 교회로 평가된다. 교회의 신학이나, 목회자의 인격, 공동체의 영성이 어떠하든지 간에 큰 교회는 무조건 좋은 교회이다. 그리고 그 교회를 이룬 목사는 유능하고 복 받은 목사로 간주된다. 목회자들의 모임에 가 보라. 그리고 누가 목소리를 높이며, 누가 대접을 받는지 유심히 관찰해 보라. 그렇기 때문에 목사들은 어떻게든 교회의 몸집을 부풀리고 성도수를 과장해서 말하는 유혹을 자연스럽게 받게 된다. 그래서 대한민국의 3대 종교인 기독교, 천주교, 불교의 신도수를 다 합치면, 전체 인구수보다 더 많이 나오는 웃지 못할 해프닝이 발생하는 것이다.

우리는 트로이 목마의 정체를 폭로하고 저 멀리 던져 버려서 물질주의와 과감히 단절해야 한다. 오해가 없기를 바란다. 물질은 분명 우리 삶에 필요하다. 성경도 물질 자체를 정죄하지 않는다. 오히려 물질의 소유와 투자, 저축, 계획과 사용에 대해 많은 것을 말한다. 그러나 물질주의는 다른 문제이다. 성경이 철저히 반대하고 정죄하는 것은 물질주의이다. 우리는 물질주의적 가치관을 극복하고 물질을 원래 의도된 제자리에 둘 수 있어야 한다. 이를 위해 요구되는 것 중에 하나는 자족과 경건의 융합이다.

자족＋경건＝행복

디모데전서는 바울이 에베소교회에서 자신의 대리자로 사역 중인 디모데에게 쓴 첫 번째 서신이다. 당시 에베소교회에는 거짓 교사들이 있었는데, 그들은 잘못된 교리를 가르치고, 돈에 욕심이 많았다. 6장에서 바울은 매우 통렬하게 그들을 묘사한다.

누구든지 다른 교훈을 하며 바른말 곧 우리 주 예수 그리스도의 말씀과 경건에 관한 교훈을 따르지 아니하면 그는 교만하여 아무것도 알지 못하고 변론과 언쟁을 좋아하는 자니 이로써 투기와 분쟁과 비방과 악한 생각이 나며 마음이 부패하여지고 진리를 잃어버려 경건을 이익의 방도로 생각하는 자들의 다툼이 일어나느니라.^{딤전 6:3-5}

바울은 그들이 진리를 왜곡하고 아예 진리를 잃어버렸을 뿐 아니라 경건을 물질적 이득의 재료로 생각한다고 비난했다. 쉬운 성경이 번역한 것처럼 그들은 "하나님을 섬기는 일을 돈 버는 수단으로 생각"^{딤전 6:5}했던 것이다. 한마디로 이들은 종교 장사를 했다. 바울은 이러한 타락을 경계하기 위해 6절 이하를 기록했다.

바울의 첫 번째 가르침은 "자족하는 마음이 있으면 경건은 큰 이익이 된다."^{6절}는 것이다. 표준새번역은 "자족할 줄 아는 사람에게는, 경건은 큰 이득을 줍니다."라고 했고 현대인의 성경은 이를 "만족하는 마음으로 경건하게 사는 사람에게 신앙은 큰 유익이 됩니다."라고 번역했다. 이 구절에서 사용된 '경건'이라는 헬라어 단어 '유세베이아'^{eusebeia}는 신앙심, 종교 등으로 번역되기도 하는데, '신앙심이 깊은 상태' 또는 '하나님을 닮아 가는 삶'의 의미로 이해될 수 있다. '자족'이라는 용어는 원래 헬라의 스토아 철학자들이 쓰던 말인데 '자기에게 주어진 것에 만족하는 마음'이라는 의미이다. 어떤 주석은 '외부의 환경에도 불구하고 우리를 평안하게 해 주는 내적 만족'으로 자족을 정의하기도 한다. 이러한 만족은 빌립

보서 4장에 의하면, 그리스도를 통해 오기 때문에 신약학자 고든 피Gordon Fee는 "그리스도로 인해 만족하는 것"Christ-sufficiency으로 정의했다.[6] 어쨌든 이 구절의 의미는 분명하다. 우리가 그리스도로 인해 나의 가진 것에 만족하면서 하나님과 동행한다면 그것이 잘사는 것이고 또 참된 행복이라는 말이다.

7절은 어째서 주어진 것에 만족하면서 하나님을 따르는 삶이 행복한가에 대한 이유를 제시하고 있다. 그것은 물질이 삶의 본질이 아니기 때문이다. 바울은 이를 다음과 같이 멋지게 표현했다. "우리가 세상에 아무것도 가지고 온 것이 없으매 또한 아무것도 가지고 가지 못하리니."7절 왕년의 인기 가수 최희준 씨가 부른 "하숙생"이라는 노래는 "인생은 벌거숭이 빈손으로 왔다가 빈손으로 가는 것"이라 했다. 영원의 관점에서 보았을 때 물질은 그저 일시적인 것에 불과함을 우리는 알아야 한다.

한 가난한 목사가 검정 양복이 필요해 전당포에 갔다. 너무 싸게 나온 옷이 있어서 물어보았더니 장례식 때 조문객들이 시신을 볼 수 있도록 관뚜껑을 열어 놓을 때 시체에 입혔던 옷이라고 했다. 좀 께름칙했지만 가격도 싸고 사이즈도 잘 맞았다. 양복을 입고 설교를 하다가 무심코 바지 주머니에 손을 넣으려 했는데 주머니가 없었다. 그도 그럴 것이 시체가 입는 옷에 무슨 주머니가 필요하겠는가? 그때 이 목사는 큰 깨달음을 얻었다. '그래, 아무것도 갖지 않고 그냥 가는구나!' 물질의 많고 적음은 삶에서 비본질적인 것이다. 예수님도 "사람의 생명이 그 소유의 넉넉한 데 있지 아니하니라."눅 12:15고 분명히 말씀하시지 않으셨는가?

 하나님 나라의 진주를 구하다

그렇다면 물질을 완전히 부인해야 할까? 그렇지 않다. 바울은 "우리가 먹을 것과 입을 것이 있은즉 족한 줄로 알 것이니라."8절고 말했다. 삶의 기본적인 필요가 채워지면 그것으로 만족하라는 것이 바울의 권면이다. 그에 따르면, 기본적인 필요란 '먹을 것과 입을 것'이다. 그 외의 모든 것이 여유분이라면, 우리는 얼마나 많은 것을 가지고 있는가? 일본 속담에 '방이 천 개인 집에서 자더라도 자는 방은 한 방뿐이다.'라는 말이 있다. 내 머리를 누일 방 하나가 있고 세끼 밥을 먹을 수 있다면 그것으로 만족하라는 뜻이다.

얼마나 만족하며 사는가? 아무리 많이 가지고 있다 해도 만족하지 못하는 사람은 언제나 가난하고 불행한 사람이다. 백화점에 있는 옷을 무더기로 갖다 주어 보라. TV에 또 다른 옷 광고가 나오면 그게 갖고 싶어서 금방 불행해진다. 요즘 어렵다고 하지만, 그래도 전 세계적으로 비교해 보면, 우리나라 대부분의 사람들은 잘사는 축에 속한다고 한 경제학자는 말한다. 세계 13위 경제대국이 아닌가? 내가 어렸을 적만 해도 극소수를 제외하고는 무릎이 해어진 바지를 기워 입고 다녔는데, 요즘은 그런 아이들이 어디 있는가? 또 내가 대학 다닐 때는 대부분의 교수님들이 차가 없었다. 그런데 요즘은 많은 대학생들이 차를 몰고 다니고, 심지어 신학생들도 상당수 차를 끌고 다닌다. 그럼에도 불구하고 지금 이 세대는 그 어떤 세대보다 가장 불만족스러워 하고 더 소유하기 위해 애쓴다. 왜일까? 현시대가 사람들로 하여금 없는 것에 초점을 고정시키기 때문이다. 속지 마라. 이 세대의 물질주의적인 선전에 세뇌당하지 않도록 주의하자. 주어진 것에 만족하면서 하나님과 동행한다면 그 삶은 남는 것이라고 하나님은 말씀한다. 누구의 말을 들을 것인가? "사람의 생명이 그 소유의 넉넉한 데 있지 않다."고 말씀하신 주님의 말씀을 마음에 새기자. 그리고 가진 것에 만족하면서 물질이 아닌 주님의 뒤를 좇아야 한다. 그러면 깊고 그윽한 행복이 우리를 따를 것이다.

소금기와 독을 경계하라

디모데에게 자족의 가치를 강조한 바울은 다음의 두 구절에서 물질주의의 무서운 폐해에 대해 경고한다. "부하려 하는 자들은 시험과 올무와 여러 가지 어리석고 해로운 욕심에 떨어지나니 곧 사람으로 파멸과 멸망에 빠지게 하는 것이라."9절 이 구절에서 묘사된 사람은 어떤 사람인가? 부자가 되려고 결심한 사람들이다. 지금 그가 부자이든 아니든 그것이 문제가 아니다. 당장 돈이 한 푼도 없는 사람이든, 재산이 수십억이 있는 사람이든 물질의 축적에 자신의 인생을 건 사람을 말하는 것이다.

그 사람들은 시험과 올무와 여러 어리석고 해로운 욕심에 떨어질 위험에 처해 있다고 바울은 경고한다. 부의 추구에는 유혹과 예기치 못한 덫이 따른다. 비인간적이거나 부도덕한 일을 해야 하며 그러는 와중에 덫에 치이게 된다.

1930년 11월 16일 헨리에타 가렛이라는 81세의 할머니가 필라델피

아의 자택에서 외롭게 죽었다. 그 할머니의 죽음은 미국 역사상 가장 문제가 많았던 유산 소송의 시작이 되었다. 할머니는 당시로는 거의 천문학적인 규모인 1,700만 달러 상당의 재산에 대해서 어떤 유언도 남기지 않았다. 유언이 없으면 재산이 법적 투쟁에 휘말릴 것임을 잘 알았을 그녀가 왜 아무 지침도 남기지 않았는지에 대한 이유는 지금까지도 밝혀지지 않고 있다. 비록 할머니는 사망 당시, 조카 한 명과 몇 명의 친구밖에 없었지만 이 할머니와의 관계를 증명하기 위해 미국 전역과 세계 29개국에서 26,000명이 몰려왔고 변호사만 3,000명이 이 사건에 뛰어들었다. 자칭 친척이라고 주장한 사람들은 변호사들의 도움과 필사적인 노력으로 가족관계문서와 교회문서를 위조했으며, 위증을 하고 자기 이름까지 바꿨다. 심지어는 상대방의 비합법성을 주장하는 거짓 이야기까지 꾸며 냈다. 그 결과 12명이 벌금을 물었고, 10명이 감옥에 갇혔으며, 2명이 자살하고 3명이 살해되었다. 할머니의 재산은 3,000만 달러로 늘어났지만, 사건은 해결되지 않았다.

이 사건이 말해 주는 것처럼 부를 노리는 사람들은 해로운 정욕에 떨어져 개인적인 파멸을 경험한다. 9절에서 쓰인 '떨어진다'는 말은 저항할 수 없는 깊은 바다에 빠져들어 가는 것을 묘사할 때 쓰는 용어이다. 부의 추구는 끝이 없다. 탐욕은 갈수록 불어나고 걷잡을 수 없다. 어떤 사람이 미국의 거부 록펠러에게 물었다.

"얼마나 더 벌기를 원하십니까?"

그가 대답했다.

"지금보다 조금만 더요."

바로 그게 문제다. 부의 추구에는 소금기가 묻어 있다. 생맥주집에 가면 구운 김이나 소금 묻힌 땅콩 같은 것을 공짜 안주로 준다. 왜 그럴까? 손님에 대한 서비스일까? 아니다. 짠 것을 먹고 그 갈증을 해소하기 위해 맥주를 들이키라는 뜻이다. 우리는 물질주의에 묻어 있는 소금기를 경계해야 한다. 한 번 빠져들면 계속 들이켜도 만족이 없다. 이 추구의 결국은 개인의 파멸이다. 9절 하반부는 이것이 "사람으로 파멸과 멸망에 빠지게 한다."고 경고한다.

육체적, 물리적 파멸이 전부가 아니다. 영적인 파멸은 더욱 비참하다. "돈을 사랑함이 일만 악의 뿌리가 되나니 이것을 탐내는 자들은 미혹을 받아 믿음에서 떠나 많은 근심으로써 자기를 찔렀도다."10절 돈 자체가 아니라 돈을 사랑하는 우리의 태도가 모든 악의 뿌리라고 했다. 앞에도 언급했듯이 성경은 물질 자체를 정죄하는 것이 아니다. 아브라함이나 다윗 같은 믿음의 영웅들도 부를 누렸지만, 사랑과 신뢰의 초점을 돈이 아닌 하나님께 둠으로써 성공적인 삶을 살았다.

그러나 돈을 사랑하게 되면 이야기는 완전히 달라진다. 돈을 사랑하는 사람은 돈을 '좇는' 사람으로 묘사되어 있는데, 그것은 무언가를 붙잡기 위해 손을 뻗는 것을 묘사하는 단어이다. 그 결과는 무엇인가? 영적 파산이다. 믿음에서 떠나며 삶의 기쁨을 상실하게 된다. 예수님은 우리가 돈과 하나님을 겸하여 섬길 수 없다고 분명히 말씀하셨다. 이런 일은 점차적으로 일어날 수 있다. 조금씩 마음이 이반되어 자기도 모르는 사이 하나님을 향한 믿음이 사라지고 결국 하나님보다 돈을 더 사랑하고 신뢰하여 불신자와 다름없는 삶을 사는 것이다.

나는 목회를 하면서 돈에 대한 욕심으로 예배를 빠지고 마음이 차가워지며, 영적 영향력을 상실해 가는 사람들을 여럿 볼 수 있었다. 하나님의 자녀에게 이보다 더 불행한 일이 또 있을까? 물질주의에는 소금기만 묻어 있는 것이 아니다. 독도 묻어 있다. 독버섯은 식용버섯보다 더 아름답고 매력적으로 보이지만 먹으면 죽는다. 물질주의는 우리를 영적으로 죽인다. 샌프란시스코의 축제 때 한 젊은 여인이 '황금의 주'Golden State 켈리포니아를 상징하는 뜻으로 몸에 금도금을 했다가 모든 숨구멍이 막혀서 죽었다는 이야기는 물질주의의 폐해를 잘 예증한다. 우리는 물질주의가 내 삶과 신앙에 미치는 무서운 폐해를 인식하고 이를 경계해야 한다.

더 나은 추구

물질주의적 가치관을 이기려면 그 폐해를 인식하는 것만으로는 충분하지 않다. 그래서 바울은 "하나님의 사람아"라는 말로 또 하나의 권면을 시작한다. 바울이 디모데를 '하나님의 사람'이라고 부른 것은 의도적이다. 그는 디모데를 물질주의에 빠진 거짓 교사와 대조시키고 있는 것이다. 헬라어 성경을 보면 '너'라는 단어가 가장 먼저 나와 그 대조를 강조한다. '너는 그들과는 다른 사람임을 알라.'는 뜻이다. 거짓 교사들은 물질을 사랑하고 그것을 위해 살지만, 디모데는 하나님의 사람이며 다른 가치와 다른 사명을 가졌고 하나님의 영광을 위해 존재하는 사람이라는 것을 바울은 상기시키고 있다. 우리는 내가 누구인지 기억해야 한다. 우리는 '하나님의 사람'이다. 하나님이 없다고 생각하며, 오직 '눈에 보이는 것이 전부'라고 믿으면서 타워팰리스나 BMW 또는 명품의 소유를 성공한 삶의 표식으로 아는 이 세상의 대부분의 사람들과 같지 않음을 알아야 한다. 내가 누구인지를 기억하는 것은 삶의 방식에 큰 영향을 끼친다.

우리는 하나님의 사람으로서 물질주의를 버리고 더 나은 가치를 추구해야 한다. 바울은 "의와 경건과 믿음과 사랑과 인내와 온유를 따르라."_{11절}고 권면한다. 돈을 사모하여 인생을 거기에 걸지 말고 인격적이고 내면적인 가치를 좇으라는 말이다. 이런 추구야말로 우리를 아름답게 만든다. 비싼 옷으로 감싸고 화려한 보석으로 치장하고 얼굴에 덕지덕지 화장을 한다고 반드시 아름다워지는 것은 아니다. 20대가 화장하면 화장이고, 30대가 하면 치장, 40대가 하면 분장, 50대가 하면 변장, 60대가 하면 끝장이라는 우스갯소리를 접한 적이 있다. 화장도 해야 되고, 옷도 사 입어야 되지만, 행위의 의로움, 하나님을 향한 헌신, 하나님과 인간에 대한 신뢰와 사랑, 오래 참고 자신을 통제하는 태도 등을 개발해야 한다. 그래야 진정 멋진 사람이 되는 것이다. 돈을 좇는 사람은 돈이 사라질 때 망하지만, 인격적인 가치를 좇는 사람은 결코 망하지 않는다.

또한 우리는 더 나은 보상을 바라야 한다. 바울은 12절에서 디모데에게 "영생을 취하라 이를 위하여 네가 부르심을 받았고 많은 증인 앞에서 선한 증언을 하였도다."라고 말한다. '영생,'eternal life 그것이 하나님께서 우리에게 주시는 보상이다. 우리는 그 삶을 취해야 한다. 영생은 단순히 시간적인 차원이 아니라 완전히 새로운 차원의 삶을 의미한다. 예수님은 요한복음 17:3에서 이 영생을 한마디로 '하나님을 아는 삶'이라고 정의하셨다. 이것이 우리가 받을 보상이다. 이 세상의 그 어떤 존재와도 비교할 수 없는 놀랍고 영광스러운 하나님, 그분을 친밀히 알고 그를 충만히 경험하는 삶, 그분이 주시는 사랑과 자유와 능력과 지혜를 누리는 삶을 우리는 부분적이지만 이 땅에서 누리게 되며, 장차 온전히 상속받게 될 것이다. 사실 돈은 우리에게 줄 수 있는 것과 관련하여 명백한 한계를 노정하고 있다. 누군가의 다음 경구는 얼마나 사실을 담고 있는가!

돈으로 약은 살 수 있지만 건강은 살 수 없고

집은 살 수 있지만 가정은 살 수 없고

책은 살 수 있지만 지혜는 살 수 없고

음식은 살 수 있지만 식욕은 살 수 없고

침대는 살 수 있지만 잠은 살 수 없고

쾌락은 살 수 있지만 행복은 살 수 없고

동료는 살 수 있지만 친구는 살 수 없고

십자가는 살 수 있지만 구주는 살 수 없고

안락한 삶은 살 수 있지만 영원한 삶은 살 수 없네!

그러므로 돈을 벌거나 물질을 축적하는 일에 인생을 거는 것은 어리석은 짓이다. 그것은 우리의 인생에 대한 충분한 보상이 아니다. 우리는 물질주의로 대변되는 말초적이고 즉각적인 보상만 바라지 말고 하나님이 주시는 영원한 삶의 보상을 바라야 한다. 그런 보상을 바라며 사는 사람의 삶은 그렇지 않은 사람과 전혀 다를 수밖에 없음을 기억하라.

한국에서만 100만 부 이상이 팔려 화제가 된『마시멜로 이야기』*Don't Eat the Marshmallow Yet*라는 책이 있다. 호아킴 데 포사다와 엘런 싱어가 쓴 이 책은 성공한 경영자와 운전기사의 대화를 중심으로 '늦춘 만족'의 유익에 대해 강조한다. 한마디로 요약하자면 더 나은 장래를 위해 지금 당장 마시멜로를 먹지 말고 참으라는 것이다. 하나님께서 우리에게 주시는 보상이 반드시 즉각적이고 손으로 만져지지 것은 아니지만, 그분은 우리에게 이 세상의 그 어떤 물질보다도 더 나은 보상을 주신다. 하나님을 신뢰하라. 더 나은 만족을 구하라. 필요하다면 조금 더 기다리고 인내하라.

또한 우리는 더 나은 싸움을 싸워야 한다. 바울은 디모데에게 "믿음의 선한 싸움을 싸우라."12절고 충고한다. 그리스도인의 삶은 싸움이다. 인생은 그저 여가를 즐기고 비발디를 들으며, 유유자적하는 상황만 있는 것이 아님을 분명히 알아야 한다. 디모데는 지금 시합 중에 있으며 믿음으로 그 시합을 하라고 명령받았다. 여기 싸움으로 표현된 은유는 전쟁이 아닌 스포츠 경기의 은유이다. 있는 힘을 다해 달리고 있는 육상 선수의 모습을 상상해 보라. 우리는 온몸의 근육이 잔뜩 긴장해서 핏줄이 솟아난 채 혼신의 힘을 다해 목표점을 향해 질주하는 선수처럼 살아야 한다. 이것

 하나님 나라의 진주를 구하다

이 아름다운 경주이고 믿음의 선한 싸움이다. 더 많은 장난감을 얻기 위해 아귀다툼하고 이전투구泥田鬪狗할 것이 아니라 제대로 된 싸움, 제대로 된 경기를 해야 한다. 싸움이나 경쟁에는 우리를 끌어당기는 무언가가 있다. 월드컵이나 올림픽 때 비록 그 시합이 한밤중에 있더라도 많은 사람들이 밤잠을 설치며 그 경기를 지켜보고 또 열광하는 것은 경쟁의 매력을 잘 말해 준다. 제대로 된 싸움이나 경쟁은 우리의 삶을 잘 조여진 현악기처럼 만든다. 경주할 때 우리는 가장 살아 있고 집중되어 있다. 오늘 있다가 내일 없어질 물질에 목숨 걸지 말고, 백화점 진열장이나 넋 놓고 바라보며 삶을 강등시키지 말고, 영원히 없어지지 않을 상을 위해 믿음의 아름다운 싸움을 싸워야 한다. 물질을 위해서가 아니라 하나님의 영광을 위해서 믿음으로 경주하는 삶이 가장 멋지고 지혜로운 삶이다.

In God We Trust?

무엇을 위하여 사는지 스스로 질문해 보라. 더 나은 가치와 보상을 위해 더 나은 싸움을 싸우고 있는가? 아니면 물질을 위해 소중한 인생을 허비하고 있는가? 참된 인간의 삶은 하나님을 섬기고 이웃을 사랑하면서 물질을 사용하는 삶이다. 그런데 대부분의 사람들은 물질을 섬기고 인간을 사용하며, 하나님을 삶 속에서 퇴출시킨다. 어떤 사람들은 미국 지폐에 새겨져 있는 'In God We Trust'우리는 하나님을 믿는다라는 말을 'In This God

We Trust'우리는 이 하나님, 즉 돈의 신을 믿는다'로 바꿔야 한다고 비판하기도 한다. 누가 당신의 신이며, 당신은 누구를 섬기는가? 무엇이 당신의 선택을 결정하고 당신의 잠을 깨우며, 당신의 감정을 통제하는가? 돈인가, 하나님인가?

모든 것의 주인 되신 하나님은 우리를 사랑하시고 필요를 채우시며, 우리의 삶을 향상시키기를 원하신다. 그러므로 물질주의가 삶과 신앙에 미칠 수 있는 무서운 해악을 경계하면서, 가진 것에 만족하고 하나님과 동행할 때 참된 행복이 있음을 배우도록 하자. 자신의 신분을 기억하고, 더 나은 보상과 가치를 위해 더 나은 믿음의 싸움을 싸우는 것도 필요하다. 지속적으로 이 원리를 실천할 때, 물질주의라는 트로이 목마는 우리 앞에서 꼬리를 내리고 도망갈 것이다.

물론 이 시대에 물질을 사랑하지 않고 산다는 것은 엄청난 도전이다. 하나님의 도우심이 없다면 그것은 불가능하다. 하나님께 기도하며 그분의 은혜를 구하자. 성령의 음성에 끊임없이 귀를 기울이자. 물질이 아닌 하나님을 섬기도록 피차 격려하자. 소유의 많고 적음으로 사람을 판단하지 말고 하나님의 형상으로 모두를 귀하게 여기며, 어려운 지체를 위해 기꺼이 나누는 공동체를 이루는 데 헌신하자. 그럼으로써 물질이 아닌 하나님을 신뢰하고 그분을 사랑하며 사는 그리스도인이 되도록 용기를 불어넣도록 하자. 행복은 물질이 아닌 하나님과의 관계에 있음을 계속 상기하면서.

1. 돈에 대한 당신의 태도는 어떠한지 솔직히 평가해 보라.

2. 저자는 물질주의를 교회 안에 숨어든 '트로이 목마'에 비
   유했다. 당신의 가정이나 교회에서 문득문득 발견하는
   물질주의의 모습들은 어떤 것인가?

3. 당신은 자신의 경제적 상황에 대해 얼마나 만족하는가?
   어떻게 당신은 바울처럼 경제적인 풍부함이나 비천함에
   상관없이 만족하며 살아가기를 배울 수 있겠는가?

4. 물질에 대한 욕심이나 집착 때문에 어려움을 겪은 일이
   있다면 나누어 보라.

5. 돈을 사랑하지 않도록 당신을 도와줄 구체적인 방안이
   있다면 그것은 무엇인가?

6. 저자는 "물질주의의 극복을 위해 더 나은 가치를 가지고
   더 나은 보상을 바라며 더 나은 싸움을 싸우라."고 충고
   한다. 이 세 가지 중에 당신에게 가장 필요한 것은 무엇
   인가?

가격표 제대로 보는 법

어떤 도시의 어두운 저녁, 두 남자가 대형 백화점에 숨어들어 갔다. 이미 손님들과 직원들은 다 빠져나가 버린 텅 빈 백화점이었다. 그들은 백화점에서 밤새도록 작업을 하고 새벽녘에 누구의 눈에도 띄지 않고 무사히 그곳을 빠져나왔다. 특이한 점은 이 밤손님들이 백화점에서 아무것도 가지고 나오지 않았다는 사실이다. 그렇다면 그들은 밤새도록 무슨 일을 했는가? 놀랍게도 그들은 백화점 안에 있는 물품들의 가격표를 바꿔 놓는 일을 했다. 이를테면 1,000원짜리 볼펜에 40만 원짜리 전화 가격표를, 300만 원짜리 빔 프로젝트에 만 원짜리 장난감 가격표를, 8,000원짜리 모조 반지에 1,000만 원 상당의 보석반지 가격표를 붙여 놓은 것이다. 더 놀라운 일은 다음날 아침에 일어났다. 사람들이 백화점에 들어오고 물건을 사기 시작했다. 그러나 그 누구도 가격에 대해 이의를 제기하지 않았다. 점원들은 여느 때와 마찬가지로 물건을 팔았고 손님들은 아무 문제없이 물건을 샀다.

우리가 살고 있는 세상을 이보다 더 잘 묘사한 이야기가 있을까? 많은 사람들이 가격표가 뒤죽박죽된 세상을 살면서 별다른 문제 제기도 없이, 마치 그것이 정상인 것처럼 살고 있다. 실상은 무가치하고 사소한 것에 엄청난 에너지와 시간, 자원을 투자하는가 하면, 정말 가치 있고 중요한 것에는 투자는커녕 별다른 관심도 쏟지 않는다. 그러면서도 그게 잘못되었다는 것조차 알지 못한다. 누군가 정신이 똑바른 사람이 이의를 제기하다가는 조롱과 핍박을 받고 왕따가 되기 십상이다. 그리스도인이라고 안전할 리 없다. 잘못된 가격표가 너무 큰 위력을 발휘하고 있기 때문이다. 뭔가 잘못되었다고 느낀다 해도 세상의 흐름은 너무 도도하다.

가격표가 뒤바뀐 세상에서 어떻게 바가지 쓰지 않고 살 수 있을까? 어떻게 올바른 가치를 선택하며 정말 소중한 것에 투자할 수 있을까? 어떻게 언젠가 모든 것이 제자리로 돌아오게 될 때 후회하지 않는 삶을 살 것인가? 나는 이에 대한 답을 너무 뜻밖의 곳에서 찾았다. 바울이 은혜의 복음을 설파하면서 성도들에게 그 은혜에 반응하여 헌신할 것을 촉구하는 로마서 12장의 첫 두 구절이 바로 그곳이다.

세상을 성소로, 나를 제물로

바울의 권면은 무엇인가? 그는 로마서 12:1에서 이렇게 권면한다.

형제자매 여러분, 그러므로 나는 하나님의 자비하심을 힘입어 여러분에게

권합니다. 여러분의 몸을 하나님께서 기뻐하실 거룩한 산 제물로 드리십시오.

이것이 여러분이 드릴 합당한 예배입니다.표준새번역

그가 권면하는 대상은 로마의 형제자매들 즉 로마교회의 그리스도인들로, 권면의 근거는 하나님이 그들에게 베풀어 주신 은혜이다. 서두의 '그러므로'라는 단어는 바울이 로마서 1-11장에서 설명한 은혜의 복음을 받는 말로서 '하나님이 예수 안에서 너희에게 이렇게 은혜를 베풀어 주셨으므로'라는 뜻이다. 바울은 하나님의 무조건적인 은혜를 받은 그들에게 그 몸을 산 제물로 하나님께 바치는 것이 참된 예배라고 설명한다. 이미 우리가 아는 것처럼, 구약 시대의 이스라엘 백성들은 하나님께 예배드릴 때 짐승을 제물로 바쳤다. 특별히 바울이 염두에 두고 말하는 것이 분명한 번제는 제단에 올린 제물을 완전히 태워서 바치는 제사였다. 이제 바울은 짐승이 아닌 우리 자신을 그렇게 하나님께 드리라고 촉구한다. 그것도 죽은 것이 아닌 살아 있는 몸을 제물로 바치라고 명한다. 말하자면 우리는 움직이는 제물인 셈이다. 따라서 우리 몸이 있는 곳은 어디든 제단이 되며 예배의 장소가 된다.

우리가 잘못된 가치를 따라 살지 않으려면 매일 내 삶의 현장이 예배처라는 인식이 있어야 한다. 많은 그리스도인들이 하나님을 교회에만 계시는 것처럼 생각한다. 주일에 예배당에 들어와서 "하나님, 안녕하세요?"라고 꾸벅 절하고, 나중에 갈 때는 "하나님, 일주일 후에 뵙겠습니다."라

며 인사하고 간다. 이런 식이니 교회 주차장만 벗어나면 예수님을 믿지
않는 세상 사람과 별 차이가 없다. 가끔 독실한 그리스도인으로 알려진
연예인이 폭력과 선정성이 난무하는 영화에 출연하는 것을 보게 된다. 또
는 큰 교회 장로라는 정치인이 극히 비성경적인 정책이나 법안을 옹호하
기 위해 동분서주하는 모습을 보기도 한다. 너무 헷갈리지 않은가? 안타
까운 사실은 그들의 신앙이 출연작품을 고르거나, 정책을 만드는 데 거의
영향을 미치지 않는다는 것이다. 어쩌다가 교회에 출석하는지는 모르겠
지만, 삶의 현장에서 하나님은 자신과 별 상관없는 분이다. 하나님은 단
지 종교적 액세서리 정도로 내 마음을 편안하게 하거나, 일종의 부적처럼
화를 보내고 복을 주는 존재이지, 삶의 선택과 가치 형성에는 낄 자리조
차 없다. 선데이크리스천이며, 예배당 영성의 전형이다. 어디 유명 인사
들만의 문제이겠는가? 우리도 신자의 정체성을 부정하는 삶을 살지 않는
다고 자신 있게 말할 수 있을까? 교회에서 찬양하고 기도하는 입술로 가
정과 직장에서 다른 사람을 욕하고 저주하면서 비그리스도인을 무색하
게 하는 이기주의적인 삶을 살기도 한다. 말초적 욕구의 종이 되어 맥없
이 쾌락의 제단에 경배하기도 한다. 삶의 현장에서 하나님을 거의 잊어버
린 채 살아가는 때도 많다. 그러나 이런 식의 영성으로는 결코 가치 전쟁
에서 승리할 수 없다.

고든 맥도날드Gordon MacDonald는 『하나님이 축복하시는 삶』*The life God
blesses*이라는 책에서 뉴욕의 버스 기사들과 가졌던 만남에 대해 말한다.[7]
맥도날드는 자기 직업에 대해 불평하는 버스 기사들에게 버스를 성소로

생각하라고 도전했다. 짐작하다시피 뉴욕에서 버스를 모는 것은 정말 쉽지 않다. 그곳은 미국에서 가장 범죄율이 높은 도시 중 하나로, 모든 인종이 다 모여 사는 인종의 '멜팅팟'melting pot이다. 별의별 손님들이 버스에 오를 것이다. 그러나 찰리라는 이름의 기사가 그 도전을 받아들였다. 그는 매일 아침 버스에 올라 큰 소리로 이렇게 말한다.

"예수 그리스도의 이름으로 지금부터 여덟 시간 동안 이 버스를 성소로 선포한다. 또한 이 버스에 들어서는 모든 사람은 그들이 알든 모르든 나를 통하여 그리스도의 사랑을 경험하게 될 것을 선포한다."

이 기사는 어려운 일이 있을 때마다 '나는 버스가 아니라 성소를 운전한다.'라고 자신에게 상기시켰다. 그의 삶이 변하고 버스의 분위기가 변했음을 상상하기란 어렵지 않다. 내 삶의 현장이 성소라는 생각으로 살아보라. 찰리처럼 매일 소리를 내어 선포하지 않겠는가?

"예수 그리스도의 이름으로 이 가게를, 이 사무실을, 이 교실을, 이 집을 성소로 선포한다!"

그리고 나서 당신의 가게가, 사무실이, 교실이, 집이 어떻게 변하는가 보라. 내 삶의 현장이 성소라면, 나는 제물이다. 바울이 말한 것처럼 하나님이 기뻐하시는 거룩한 산 제물로 나를 드리는 것이다. 거룩하다는 말은 문자적인 의미로 '갈라놓다'라는 뜻이다. 세상에서 분리되어 하나님께 갈라놓은 것이다. "내 손, 내 발, 내 입, 내 모든 것은 주님의 것입니다. 당신이 기뻐하시는 대로 사용하겠습니다. 당신이 원하시는 대로 살겠습니다." 그것이 예배이다. 브루클린 태버내클 성가대Brooklyn Tabernacle Choir가

불렀던 곡 가운데 다음의 가사를 담은 영감 넘치는 곡이 있다.

praise you

praise you

let my life oh Lord

praise you

주님을 찬양합니다

주님을 찬양합니다

오 주님, 내 삶으로

당신을 찬양하게 하소서

바로 그것이다. 삶 자체가 하나님에 대한 찬양이 되게 하자. 내 삶의
현장이 성소이며 나 자신이 하나님께 드려지는 제물이라는 생각으로 살
면, 우리는 가격표가 뒤바뀐 세상에서 승리할 수 있을 것이다.

농담하지 마라!

로마서 12:2의 앞부분은 가격표가 뒤바뀐 세상을 사는 또 하나의 비
결을 제시한다. 바울은 여기서 "이 세대를 본받지 말라."고 엄중하게 충고
한다. 여기 쓰인 '이 세대'란 하나님을 배제한, 하나님께 대단히 적대적인
세상을 일컫는다. 이것이야말로 현대 그리스도인들이 직면한 가장 큰 도

전 가운데 하나이다. '이 세대'는 만만하지 않다. 대단히 위력적이고 지능적이며 교활하여 온갖 수단을 동원해서 우리를 세뇌시키고 있다. 우리는 매일 TV와 미디어, 인터넷을 통해 그들의 거짓된 가치에 노출된다. 어떤 통계에 의하면, 평균적으로 사람은 일생에 35만 개의 TV 광고를 접한다고 한다. 70세까지 산다면 하루에 15개꼴이다. 라디오와 신문과 인터넷까지 포함한다면 그 수는 더욱 늘어날 것이다. 우리는 이 세상의 거짓된 선전에 귀를 기울이지 않도록 주의해야 한다. 분별력을 잃지 말고 필요하면 저항해야 한다. 척 스윈돌Chuck Swindoll 목사는 TV를 보다가 다이아몬드가 영원하다는 식의 광고가 나오면 온 가족이 TV를 향해 "농담하지 마라."고 소리친다고 한다. 이 세대, 즉 우리가 사는 시대의 잘못된 풍조를 본받지 않는 것은 절대 쉽지 않다. 우리는 왕따를 당할 수도 있고 경제적 불이익을 당할 수도 있다. 그러나 그럼에도 불구하고 우리는 이 세대의 패턴에 순응해서는 안 된다. 순응의 대가는 너무 크고 뼈아프다. 무조건적으로 따르다가는 치명적인 결과를 당할 수 있다.

어떤 책에서 양의 도살을 묘사하는 짧은 글을 읽은 적이 있다. 도살업자는 양들이 도살장을 보지 못하게 경사진 언덕 밑에 짓는다. 도살당할 양들은 그 언덕을 올라가야 한다. 그러나 죽음에 대한 본능적 느낌이 있기 때문에 양들은 올라가기를 주저한다. 그때 훈련받은 한 염소가 앞서 언덕을 올라간다. 이 염소는 '가룟 유다 염소'라고 불린다. 이 얼마나 잘 어울리는 이름인가! 주저하던 양들은 그 염소가 가는 대로 따라간다. 염소가 언덕 꼭대기에 서면 양들은 또 한 번 주춤한다. 그때 염소는 확신에

찬 얼굴로 뒤를 돌아보고 앞으로 나간다. 양들은 그 염소를 보고 다시 따라간다. 언덕을 내려가자마자 그 염소는 자기만을 위해 길옆에 만들어 놓은 입구로 쏙 들어간다. 다른 양들은 아무것도 모르고 그냥 언덕을 올라와 그 밑의 활짝 열린 도살장 문으로 들어가 죽임을 당하고 만다. 순응의 위험을 경고하는 얼마나 훌륭한 예화인가! 우리는 서로 이렇게 말해 주어야 한다. "순응하지 말자. 죽을 수도 있다!"

사도 바울은 이 구절에서 순응하지 않을 수 있는 한 가지 비결을 말해 주는데 그것은 "마음을 새롭게 함으로 변화를 받는 것"2절이다. 여기서의 마음은 마인드,mind 즉 생각하는 주체로서의 마음을 나타낸다. 감성이 강조되는 포스트모던의 도래로 지성과 정신은 이제 천대의 대상이 되었다. 수필가 안병엽 씨는 인간은 더 이상 "생각하는 갈대가 아니라 느끼는 갈대이다."라고 개탄했다. 사람들은 소위 '필이 꽂히는 대로' 산다. 실체보다 이미지에 더 마음을 빼앗긴다. 한국 교회의 신앙 형태도 매우 감정적이다. 울고불고 '주여 삼창'을 하지만, 생각의 수준은 불신자들과 별 차이가 없다. 어떤 이는 한국 교인들이 이름만 그리스도인일 뿐 종교 예식은 불교적이고 생각은 유교적이라고 혹평을 했다. 그러나 삶이 변하고 세상을 바꾸기 위해서는 먼저 우리 생각이 변해야 한다. 마인드는 중요하다. 예수님은 가장 큰 계명을 알려 주시면서 우리가 마음heart과 목숨soul뿐 아니라 뜻mind을 다해 하나님을 사랑해야 한다고 말씀하셨다. 내가 좋아하는 말 중에 "모든 혁명은 최초에는 한 사람의 마음속에 있던 생각이었다."라는 경구가 있다. 생각이 행동을 유발하고, 세상을 바꾸기도 한다. 우리

 하나님 나라의 진주를 구하다

는 잘 생각하며 살아야 한다. 냉철한 기독교적 정신과 분별력을 가져야한다.

우리의 마인드가 비기독교적 가치 체계로 심지어는 반기독교적 가치 체계로 쉽게 오염될 수 있기 때문에 우리는 매일 새롭게 함을 받아야 한다. 특별히 성경과 성령은 우리를 새롭게 하시는 하나님의 가장 강력한 도구이다. 그러므로 우리는 매일 성경말씀을 접하도록 노력해야 한다. 성경에 기록된 하나님의 말씀은 무엇이 소중한지 그렇지 않은지, 하나님께서 무엇을 소중히 여기시는지 확인시켜 줄 것이다. 히브리서의 저자는 "하나님의 말씀은 살아 있고 활력이 있어 좌우에 날선 어떤 검보다도 예리하여 혼과 영과 및 관절과 골수를 찔러 쪼개기까지"히 4:12 한다고 말했다. 말씀을 깊이 묵상하는 그리스도인은 가치 전쟁에서 승리할 수 있다. 성경말씀뿐 아니라 성령도 우리 마음을 새롭게 한다. 성령은 변화의 영이다. 변화는 성령의 주된 안건이다. 매일매일 성령의 음성에 귀를 기울이고 그분의 사역에 협조하라. 아침마다 샤워를 하면서 '성령님, 이 물이 내 몸을 씻기는 것처럼 지금 내 마음의 망령되고 더러운 생각들을 씻어 주시고 깨끗하게 해 주십시오.'라고 기도해 보라. 성경말씀과 성령에 의해 내 마음이 변화를 받아 점차적으로 새롭게 되면 우리는 세상의 틀에 순응하지 않을 수 있다.

새롭게 된 마음으로 할 수 있는 한 가지 일은 무엇인가? 바울은 로마서 12:2에서 "하나님의 선하시고 기뻐하시고 온전하신 뜻이 무엇인지 분별하도록 하라."고 말한다. 2절 앞부분의 '이 세대의 풍조'와 대조되는 것이 바로 하나님의 뜻이라는 말이다. 이 둘은 결코 같이 갈 수 없다. 불경건한 이 시대가 소중히 여기는 것과 하나님께서 소중히 여기시는 것은 서로 다르다. 그러므로 잘못된 가치를 좇지 않으려는 그리스도인은 반드시 하나님의 뜻을 물어야 한다.

인생은 선택의 연속이다. 결혼, 직장, 자녀교육과 같은 큰 결정 사항도 있지만 매일같이 내려야 하는 작은 선택도 있다. 크든 작든 세상적인 생각으로 결정하지 말고 하나님의 뜻을 물어야 한다. '하나님, 제가 어떤 선택을 하기 원하십니까?'라고 기도하라. 예수님은 열두 제자를 선택하기 전에 밤새 기도하셨다. 예수님이 그러셨다면 우리는 얼마나 더 해야 하겠는가? 상식이나 일반적 기준이 아니라 하나님의 뜻에 의해 결정하는 것은 뒤바뀐 가격표에 속지 않는 중요한 비결이다. 지인 중에 좋은 조건으로 일할 수 있는 대기업을 스스로 그만두고 그보다 조건이 좋지 못한 중소기업으로 옮긴 형제가 있었다. 이유를 물었더니 주님을 더 잘 섬기기 위해서는 그 직장이 더 나은 것 같아서 기도한 후에 옮겼다고 말했다. 역시 가치의 문제이다.

하나님의 뜻을 두려워하지 않도록 하자. 많은 사람들은 하나님의 뜻이 힘들고 고통스러울 것이라고 생각한다. 하나님의 뜻을 물으면 신학교나 선교지로 가라고 하실까 봐 겁을 낸다. 그러나 미리 걱정할 필요는 없다. 하나님께서 아무나? 그곳에 보내시는 것은 아니다. 그러나 만약 그것이 하나님의 뜻이면 그렇게 하는 것이 가장 좋은 선택이다. 바울은 하나님의 뜻이 선하고 만족스럽고 완전한 것이라 했다. 우리의 삶에서 하나님의 뜻이 이루어지는 것보다 더 좋은 일은 없다. 나는 오지에서 하나님의 부르심을 따라 선교사로 섬기는 사람들을 몇 경 알고 있는데, 그들은 일반적인 생각과는 달리 전혀 불행해 하지 않았다. 오히려 하나님의 은혜에 감사하면서 기쁨으로 살아간다. 하나님의 뜻을 이루며 살기 때문이다. 그러면 어떻게 하나님의 뜻을 아는가?

한 여인이 성지순례를 가기 원했다. 그녀는 여행사에 가서 비용과 비행기 편을 비롯한 정보를 묻고 안내지도 가지고 왔다. 성지순례에 관한 그녀에게는 돈도 시간도 의향도 다 있었다. 한 가지 걸리는 것은 그것이 하나님의 뜻인가 하는 문제였다. 여인은 고긴하면서 뒤척이다가 잠이 들었다. 그러나 아침에 잠이 깨면서 그녀는 성지순례에 가는 것이 하나님의 뜻임을 확신했다. 그 이유가 무엇이었는가? 잠이 깨서 옆의 디지털시계를 보니 747이라는 숫자가 빨간색으로 번쩍이고 있었다. 7시 47분이었던 것이다. 그것은 바로 성지에 가는 보잉 747비행기의 숫자였다! 생각보다 많은 그리스도인들이 하나님의 뜻을 이런 마술적인 방식으로 구한다.

그러나 바울은 하나님의 뜻을 분별하라고 한다. 분별이라는 단어는 시험해서 입증하라는 의미를 포함하고 있다. 그것은 상당한 영적, 정신적 노력을 요구한다. 물론 많은 경우, 하나님의 뜻은 성경에 나와 있다. 예를 들어 우리는 음란 사이트에 들어가야 할지 여부를 놓고 기도할 필요가 없다. 성경은 하나님의 뜻이 거룩함임을 분명히 밝히고 있기 때문이다. 성경을 통해 하나님의 뜻을 배우라. 성화된 지성을 사용해서 생각하고 판단하고 상황을 해석하라. 기도로 하나님의 마음을 살피며 영적 지도자나 믿음의 식구로부터 조언을 구하라. 우리가 행할 마음만 있다면 하나님은 우리에게 그 뜻을 알려 주실 것이다. 중요한 것은 무슨 일이든지 세상적인 가치 기준에 의해 결정하고 행동하기보다 하나님이 무엇을 원하는지 묻는 것이다. 기도하면서 하나님 나라의 가치에 나를 맞추고 하나님의 음성을 들어야 한다. 위로부터의 지혜와 용기도 구할 필요가 있다. 그래야 세상 가치를 따르지 않고 하나님의 뜻을 행할 수 있지 않겠는가?

당신은 무엇을 주겠는가?

역량 있는 기독교 작가인 맥스 루케이도Max Lucado는 자신의 저서 『하나님께서 당신의 이름을 속삭이실 때』When God Whispers Your Name에서 다음과 같은 이야기를 들려준다.[8]

어떤 가족이 휴가를 맞아 "당신의 가격은 얼마인가?"라는 게임 쇼에 가기로 했다. 스튜디오 안은 열기로 가득 찼다. 강렬한 음악이 연주되고 무대는 요란한 색상으로 번쩍였다. 진행자는 흥분된 목소리로 외친다.

"이 쇼에 오신 것을 환영합니다. 역사상 어떤 쇼보다 상금이 많습니다. 자그마치 천만 불입니다!"

청중들은 소리를 지르며 박수를 쳤고 진행자는 연이어 말한다.

"이곳에 앉은 여러분 가운데 한 사람이 오늘 천만 불을 가지고 집에 돌아가실 것입니다."

이제 제비를 뽑아 사람의 이름을 부를 순간이다. 청중들은 침을 삼키고 있고 스튜디오에는 순간의 정적이 흐른다. 그 가족의 아버지가 큰아들에게 "나는 아닐 거야."라고 말하는 순간 아버지의 이름이 불려진다. 부인은 비명을 지르고 아이들은 자리에서 일어나 박수를 친다. 보조진행을 하는 미녀가 그 아버지의 손을 잡고 무대로 올라갈 때 수천 개의 부러운 눈이 그를 쳐다본다. 무대에 서니 커튼이 열리고 붉게 빛나는 수레에 가득 돈이 담겨 넘치고 있다. "천만 달러를 보신 적이 있습니까?"라는 진행자의 말에 아버지는 "아니요."라고 대답한다.

"손을 한번 넣어 보세요. 괜찮아요. 한번 넣어 보세요."

아버지는 그렇게 한다. 이제 진행자가 말한다.

"이 돈은 당신 것이 될 수 있습니다. 선택은 당신이 합니다. 당신이 대답해야 할 유일한 질문은 '당신의 가격은 얼마입니까?'입니다."

다시 박수가 울린다. 밴드는 연주를 하고 아버지는 침을 삼킨다. 두 번째 커튼이 열리고 거기에 큰 플래카드가 있다. '당신은 무엇을 기꺼이 주시겠습니까?'가 그 위에 쓰여 있었다. 진행자가 규칙을 설명한다.

"한 가지 조건만 동의하면 당신은 이 돈을 받으실 것입니다. 이제 불러 드리는 목록에서 한 가지만 선택하시면 이 돈은 당신 것이 됩니다."

마이크에서 저음의 소리가 그 목록을 읽기 시작한다.

'자녀를 입양기관에 넘기라.'

'일주일 동안 매춘을 하라.'

'더 이상 교회에 나가지 마라.'

'가족을 버리고 떠나라.'

'낯선 사람을 죽여라.'

'성전환수술을 하라.'

'배우자를 배신하라.'

사회자가 말한다.

"이것이 목록입니다. 선택을 하십시오."

이것이 세상의 제의이다. 언뜻 보면 그것은 매우 매력적이고 거부하기 힘들 정도로 멋지다. 천만 달러, 우리 돈으로 110억 원이 넘는 거금이다. 평생을 편하게 살고도 남는다. 그러나 그 선택에 대한 대가는 너무 크다. 우리는 세상이 내미는 손길을 그냥 덥석 잡아서는 안 된다. 우리는 세상적 가치가 숨기고 있는 독침을 볼 수 있어야 한다. 우리가 세상의 가치를 그냥 따르는 것은 잘못 붙여진 가격표에 속는 것이다. 그러지 않기 위해서는 바울의 짧은 권면을 마음에 깊이 새기고 그 원리를 일상의 삶에 적용할 필요가 있다. 매일 나의 삶이 하나님께 대한 예배가 되게 하라. 마음을 새롭게 함으로 세상의 패턴에 순응하지 마라. 하나님의 뜻을 분별하라.

_3장 가격표 제대로 보는 법

1. 당신의 삶이나 당신 주변의 세상에서 가격표가 뒤바뀐 사례를 경험한 적이 있다면 말해 보라.

2. 고든 맥도날드의 이야기에 나오는 찰리처럼 당신의 일터를 성소로 선포한다면 구체적으로 어떤 변화가 초래될 수 있을까? 일터가 성소라는 생각을 일관되게 가진다면 당신이 현재 행하는 것들 가운데 무엇이 가장 먼저 변하게 될까?

3. 당신이 자기도 모르는 사이 순응하고 있는 세상적 가치 체계는 무엇인가? 이는 당신 삶에 어떤 결과를 가져다주는가? 순응하지 않기 위해 당신이 할 수 있는 일을 생각해 보라.

4. 저자는 로마서 12:2 말씀을 근거로 "우리의 삶에서 하나님의 뜻이 이루어지는 것보다 더 좋은 일은 없다."고 주장한다. 현재까지 당신의 삶을 돌아보며, 자신이 처한 삶의 정황을 고려할 때 당신은 이 주장이 실제 옳다고 동의할 수 있는가? 왜 그런가, 또는 왜 그렇지 않은가?

5. 저자는 하나님의 뜻을 찾는 몇 가지 구체적인 방안을
   열거했다. 하나님의 뜻을 찾는 문제와 관련하여 당신
   에게 가장 어려운 것은 무엇인가?

6. 이 장의 마지막에서 저자가 인용한 맥스 루케이도의
   이야기에 공감하는가? 만약 조금 덜 극단적인 제안—
   예를 들어 교회에 10년간 나가지 마라, 가족과 3년 동
   안 떨어져서 연락하지 마라 같은—이 들어온다면 당
   신은 어떻게 하겠는가?

달인가? 6펜스인가?

대학 1학년 때 영국의 극작가이자 소설가인 서머셋 모음Maugham. W. Somerset의 『달과 6펜스』The Moon and Six Pence 라는 소설을 재미있게 읽었다. 이 소설은 프랑스 후기인상파 화가인 고갱의 생애에서 힌트를 얻었다는데, 주인공인 스트릭랜드는 런던의 평범한 주식중개인으로 처자가 있는 40대 남자이다. 이 남자가 돌연 무엇엔가 홀린 듯 안정된 직장과 처자를 버리고 파리에 나가 화가가 된다. 그는 그림에 대한 열정 외에는 도덕, 양심, 사람들의 평판 등 그 무엇에도 얽매이지 않는다. 마지막에 그는 타히티 섬으로 이주하지만, 나병에 걸려 고통의 나날을 보내다가 강렬한 그림을 그리고 그 섬에서 죽는다. 이 소설의 제목에서 '달'은 때로 광기狂氣와 예술의 극치를 뜻하고, '6펜스'는 당시 빵 하나의 가격으로 세속적인 삶의 상징이라고 볼 수 있다. 둘은 외견상 둥글고 그 색깔도 비슷하지만 의미는 극과 극이다.

『달과 6펜스』는 청년이었던 내게 상당한 영향을 주었다. 즉 '6펜스'가 아니라 '달'을 추구하면서 살아야겠다는 생각을 하게 만들었다. 나는 '나의 달이 도대체 무엇일까?'라는 질문을 끊임없이 계속하면서 그것을 찾아다녔다. 미국에서 일반대학원에 다니다가 목사가 되라는 하나님의 부르심에 앞뒤 돌아보지 않고 응답하게 된 것에는 이 소설의 영향도 있지 않았겠나 싶다.

사람이 살면서 무엇을 추구하느냐는 참으로 중요한 문제이다. 그것은 한 사람의 삶이 어떤 가치를 지닐 것인지를 결정한다. 그것은 그가 살아가는 삶의 모든 영역을 채색한다. 우리가 가치 있는 것을 추구하면 우리 삶도 가치 있는 삶이 될 것이며, 우리가 비범한 것을 추구하면 우리 인생도 비범하게 될 가능성이 많다.

서머셋 모음이 사람들의 추구 대상을 '달'과 '6펜스'라는 은유를 사용하여 나누었다면 바울은 고린도후서 4장에서 그것을 보이는 것과 보이지 않는 것으로 나누었다. 어떤 사람은 그들의 삶에서 보이는 것, 다시 말하면 육신적이고 지상적인 것을 추구한다. 그러나 어떤 사람은 보이지 않는 것, 즉 영적이고 천상적인 것을 추구한다. 어떤 사람들은 더 많은 돈과 더 높은 자리와 더 강한 권력과 더 안락한 삶의 방식을 추구한다. 그러나 어떤 사람들은 경건과 믿음, 하나님 나라와 의를 추구한다. 한 미식축구 선수가 생각난다. 그는 자신에게 더 많은 돈을 주겠다는 팀을 거절하고 더 나쁜 조건을 제시한 팀으로 가서 화제가 되었다. 이유를 묻는 기자들에게 그는 자신에겐 돈보다 챔피언의 반지가 더 필요하다고 했다. 그래서 그는 더 작은 돈을 벌더라도 우승 가능성이 높은 팀을 택했다는 것이다. 그리스도인의 선택도 이처럼 보통 사람들의 그것과는 좀 다른 면이 있어야 한다. 다시 말해 우리는 마땅히 보이지 않는 것을 추구해야 한다. 그러나 안타깝게도 실상은 그렇지 않은 경우가 많다. 많은 그리스도인들이 보이는 것을 좇아 산다. 심지어는 보이는 것을 더 많이 얻기 위해 교회에 나오는 사람도 있다. 보이지 않는 것을 좇아 산다고 하는 우리도 때로 보이는 것의 위력에 휘둘리고 그 유혹을 거부하는 데 실패한다.

그러나 보이는 것의 가치는 가장 좋게 말한다고 해도 제한적이고 한시적이다. 참으로 가치 있는 것은 보이지 않는 것이다. 6펜스가 당장은 더 쓸모 있게 보일지 몰라도 우리 인생에 참된 의미와 영감을 공급하는 것은 달이다. 보이지 않는 것을 추구하는 삶의 유익을 보다 구체적으로 살펴보기에 앞서서 보이지 않는 것을 추구함이 어떤 의미인지를 먼저 정리하는 것이 필요할 것 같다.

개념 파악

'보이지 않는 것'이라는 말은 오해의 여지가 있다. 사람들은 이런 말을 들을 때 저 하늘 위의 어떤 것을 생각하기 쉽다. 중세의 성화聖畫에서 보는 것처럼 날개를 단 천사가 구름 위에 앉아 하프를 연주하는 모습을 연상할지 모른다. 과거 여러 신비주의자들이 그랬던 것처럼 수도원이나 사람이 없는 산속에 들어가 관상기도와 명상 등을 통해 하나님과의 직접적이고 깊은 교제를 시도하거나 천국의 환상을 보려 하는 것을 보이지 않는 것의 추구로 이해할지 모른다. 그러나 보이지 않는 것을 추구하는 삶이란 일상을 떠나 은둔하거나 지상에서 10m 위를 떠다니는 삶이 아니다.

어떤 사람은 보이지 않는 것의 추구를 내세 지향적인 삶으로 받아들인다. 현실과는 아무 상관없이 그저 천국만 기다리며 사는 삶이라고 생각한다. 이런 생각을 가진 사람들은 "죄 많은 이 세상은 내 집 아니네!"라는 찬송을 부르며 세상일은 아예 신경 쓰지 않는다. 직장이나 학교의 일 따위는 별 의미가 없다. 먹고 살아야 하니까 어쩔 수 없이 일은 하지만 하나님은 세상의 일에 아무 관심이 없다고 여긴다. 극단적인 사람들은 1990년대 다미선교회 회원들이 그랬던 것처럼 아예 세상의 일과 의무를 포기하고 주님의 재림만 기다린다. 모든 재산을 교회에 다 바치고는 집과 학교와 직장을 떠나 흰옷을 입고 다음 세상이 오기만을 학수고대한다. 그러나 보이지 않는 것을 추구하는 삶은 현실과 동떨어진 내세 지향적인 삶이 아니다.

보이지 않는 것의 추구를 종교적인 의미로 받아들이는 사람들도 있다. 이런 사람들은 교회생활에 모든 것을 쏟아붓는다. 모든 모임에 절대 빠지지 않고 교회에 몸과 마음을 바친다. 집이나 직장에서는 대충 살아도 교회에서는 힘과 정성을 다해 섬긴다. 교회의 담임목사님을 자기 가족보다 더 소중히 돌본다. 내가 아는 어떤 사람은 자기 어머니가 교회의 일에 빠져 가족을 돌보지 않은 데 대해 굉장한 반감을 가지고 있었다. 그 어머니는 교회의 모임에 간답시고 가족들의 밥도 제대로 차려 주지 않았고, 여분의 돈이 생기면 교회로, 더 구체적으로 말하면 담임목사님에게로 가지고 갔다. 그는 그런 어머니 때문에 한동안 복음을 받아들이기 거부했고 교회도 잘 나오지 않았다. 오해하지 말기 바란다. 교회생활이 불필요하거나 무가치하다고 말하는 것이 아니다. 교회 지도자를 존중하는 것이 잘못되었다는 말도 아니다. 교회는 우리의 영적 삶과 성장에 반드시 필요하다. 우리는 정기적으로 모여서 예배하고 교제해야 할 뿐 아니라 서로 섬기고 사랑과 선행을 격려해야 한다. 또한 최선을 다해 교회를 세우는 데 기여해야 한다. 그러나 보이지 않는 것을 추구하는 삶은 교회 일에만 빠져버린 상태를 의미하지 않는다. 그것은 그저 교회생활에 제한되는 삶을 뜻하지 않는다.

보이지 않는 것을 추구한다는 말은 현실을 책임 있게 살되 그 가운데서 하나님과 그분의 나라와 같은 정말 가치 있고 궁극적으로 중요한 것에 시선을 고정한다는 뜻이다. 단순히 돈을 벌기 위해, 또는 더 높은 지위나 명예를 얻기 위해 공부하고 일하는 것이 아니라 그것보다 더 나은 가치를 구한다는 뜻이다. 이를테면 직장에서 하나님 나라의 의를 구현한다거나 자신의 직업을 거룩한 소명으로 여기고 이를 통해 하나님과 이웃에게 봉사하는 것은 보이지 않는 것을 추구하는 삶이다. 인생을 물질의 축적을 위한 기회로 보기보다 성장과 섬김의 기회로 보는 것도 보이지 않는 것을 추구하는 삶이다. 교회에 있든지 사회에 있든지, 가정이나 직장에 있든지, 어디서 무슨 일을 하더라도 물질적이고 한시적인 가치가 아닌 영적이고 영원한 가치를 좇는다면 그 삶은 보이지 않는 것을 추구하는 삶이다. 그렇다면 그런 삶의 유익은 구체적으로 무엇인가?

비 그친 후 한 그루 나무처럼

요즘 세상을 일컬어서 '이미지에 이끌린 사회'image-driven society라고 한다. 실체보다는 외적인 형상에 지배를 받는 세상이라는 의미이다. 세상은 종종 눈에 보이는 겉모습으로 사람을 판단하고 그것에 따라 이익과 불이익을 주곤 한다. 그래서 사람들은 역사상 그 어느 때보다 자기의 외모에 신경을 쓰고 그것을 가꾸려고 애쓴다.

그런 세상이다 보니 외모의 손상이나 퇴화는 그 무엇보다 우리를 낙심하게 하고 근심하게 한다. 그러나 그것이 어디 우리 시대만의 문제이겠는가? 정도의 차이는 분명히 있겠지만 겉사람의 낡아짐은 시대와 장소를 막론하고 모든 사람들에게 좌절과 실망을 가져다주었을 것이며 지금도 그러하다. 물론 이는 바울의 시대에도 예외가 아니었던 것 같다. 사도 바울은 고린도후서 4:16에서 '겉사람의 후패朽敗'에 대해 언급하면서 자신은 '낙심하지' 않는다고 했는데 그 말은 많은 사람들이 이로 인해 낙심한다는 것을 암시한다.

겉사람은 후패한다. 바울은 현재형 동사를 사용함으로써 이것이 지속적이고 역전될 수 없는 과정임을 보여 주려 한다. 우리 인간의 겉모습은 계속적으로 후패한다. 사람마다 정도의 차이는 있지만, 아무리 가꾼다 하더라도 우리의 몸은 속절없이 낡고 점점 시들기 마련이다.

나는 나이보다 젊어 보인다는 말을 자주 들었다. 일전에 어떤 교회에 설교하러 가서 교회 앞 주차장에서 아는 집사님 가정을 만났다. 그 집사님은 옆에 서 있는 자녀에게 "목사님이셔, 인사드려."라고 인사를 시켰다. 아이는 특유의 솔직함으로 말했다.

"이분이 오늘 설교하실 목사님이야? 목사님 같지 않아. 너무 젊어!"

집사님은 당황해 했지만 나는 속으로 기분이 좋았다. 그 아이를 마음껏 축복해 주고 싶었다. 상황이 이러하기 때문에 가끔씩 늙지 않을 거라는 착각에 빠지곤 한다. 그러나 내 몸은 그런 착각을 여지없이 깨뜨려 버린다. 신문을 보거나 책을 읽을 때는 안경을 벗어야 글자가 보인다. 노안老眼이 온 것이다. 집에서 은밀히 돋보기를 끼는 아내도 낄 때마다 한동안 속상해 했다. 몇 년 전에는 팔이 아파서 팔을 들어 올리지 못하는 불상사가 있었다. 주변 사람들은 '오십견'이라고 했고 나는 끝까지 학생들과 농구하다가 다친 것이라고 우겼다. 그때마다 양심이 개운치 않았음을 이제 고백한다. 갈수록 뱃살은 양심도 없이 늘어나고 허리 디스크인지 다리도 저리다. 눈 아래 거무스레한 다크서클도 생겼다. 내 눈을 쳐다보던 아내는 확인 사살이라도 하듯 눈꺼풀도 쳐졌다고 지적했다. 겉사람은 후패한다. 아무리 주름살방지 크림을 발라 보고, 아무리 좋은 것을 먹고 운동을 해 보라. 아무리 청년브랜드의 옷을 입고 젊은 사람 흉내를 내어 보라. 어쩔 수 없다. 우리는 외적으로 시들어 간다. 그것은 우리가 어떻게 할 수 없는 삶의 현실이다.

그러나 감사하게도 그것이 이야기의 끝이 아니다. 우리가 보이지 않는 것을 추구하며 산다면 우리의 속사람은 날이 갈수록 점점 더 새로워질 것이라고 바울은 말한다. 그는 "우리의 속사람은 날로 새로워지도다."^{고후 4:16}라고 간증한다. 이 또한 연속적이고 멈추지 않는 과정이다. 비록 주름살의 골이 더 깊어지더라도, 비록 돋보기를 끼게 되더라도 우리의 내면 세계는 오히려 더 신선하고 더 아름답게 될 수 있다. 사실 우리가 걱정하고 신경을 써야 할 문제는 우리의 얼굴이나 몸의 노화가 아니다. 마음이 늙고 경직되거나 영혼이 추해지는 것이 더 큰 문제이다. 아무리 육체적인 나이가 젊다고 해도 그 생각이 진부하고 편견과 고정관념에 사로잡혀 있다면 그리고 어떠한 진취적인 기상이나 열정도 없다면 그는 진정한 의미에서 젊은 사람이 아니다.

보이지 않는 것을 추구하는 사람은 성령의 새롭게 하심을 날마다 경험함으로써 영혼의 신선함을 유지한다. 하나님께서 주시는 거룩한 상상력과 예리한 통찰력으로 삶의 표피 아래로 내려가며 더 깊이 보고 더 많이 배우며 성장의 기쁨을 누린다. 예수 그리스도를 날마다 더 닮아 감으로 성숙하고 균형 잡힌 인격을 소유한다. 비판적이고 융통성 없고 쓴뿌리로 가득 찬 고집불통의 기성세대가 아니라 삶의 지혜와 경험을 나누어 주며 차세대들에게 영감을 주는 멋있는 사람이 되는 것이다. 특별히 부모들은 아이들에게 비싼 선물을 사 주는 것에만 신경을 쓸 것이 아니라 우리 자신이 아이들에게 선물이 되어야 한다. 점점 새로워지며 그 삶으로 아이들에게 영감을 주는 매력적인 부모와 교사가 되도록 노력해야 한다. 그런 사람이 되고 싶지 않은가? 시인 류시화는 그러한 바람을 이렇게 노래했다.

비 그친 후 나는

당신 앞에 선 한 그루 나무이고 싶다.

내 전 생애를 푸르게 푸르게

흔들고 싶다.[9]

비가 그친 후의 한 그루 나무를 상상해 보라. 그 맑고 짙은 푸르름을 생각해 보라. 그런 푸르름으로 살고 싶지 않은가? 어차피 겉사람은 후패하게 되어 있다. 그러나 우리의 내면은 비 그친 후의 한 그루 나무처럼 푸르름을 유지할 수 있다. 내면이 신선한 사람이 정말 젊은 사람이며 내면이 아름다운 사람이 정말 멋있는 사람이다. 영어 속담 가운데 "아름다움은 그냥 피부 한 장의 두께이다."beauty is only a skin deep라는 말이 있다. 외적인 미란 껍데기 한 장 벗기면 다 똑같다. 그러나 그 내면세계가 푸르고 맑다면 그것은 전혀 다른 이야기이다. 산소 같은 여자가 되고 싶은가? 화장품 바른다고 그렇게 되지 않는다. 속이 살아 숨 쉬어야 한다. 안 그러면 아무리 화장품을 발라도 이산화탄소 같은 사람이 된다. 보이지 않는 것을 추구할 때 우리는 내적 새로움을 누릴 수 있다. 그러나 그것이 다가 아니다. 바울은 또 다른 유익을 말해 준다.

육체의 노화와 함께 인간을 괴롭히고 절망시키는 것은 바로 각종 고난과 문제들이다. 이 땅에 사는 그 어떤 사람도 고난에서 면제된 사람은 없다. 정도와 종류의 차이가 있지만 모든 사람은 나름대로 어려움을 경험하고 산다. 척 스윈돌의 멋진 표현처럼 "고난은 우주적인 언어이다."[10] 예수 믿고 구원받았다고 해서 고난이나 문제에서 면제되지 않는다. 예수 잘 믿는 가정의 부엌에도 바퀴벌레가 번성할 수 있다. 냉장고에 성경구절 써 붙인다고, 가정예배 때 찬송을 부른다고 벌레가 다 뒤로 자빠지지는 않는다. 교회 가는 도중에도 타이어가 펑크 나거나 차가 설 수 있다. 나는 실제로 아주 중요한 행사가 있는 주일에 그런 경험을 하기도 했다. 고난이 면제되지 않을 뿐 아니라 오히려 믿음 때문에 비기독교인은 경험하지 않을 어려움을 겪기도 한다.

그러면 믿음의 유익은 없는가? 물론 있다. 보이지 않는 것을 추구하게 될 때 우리는 우리의 시선을 이 땅의 고통스런 현실에만 고정시키지 않는다. 우리는 더 멀리, 더 높이 보게 되는 것이다. 우리는 동일한 사물이라도 다른 관점에서 보면 전혀 다르게 보인다는 것을 안다. 유학 시절, 한번은 아내와 함께 교회 집사님의 새 차를 탄 적이 있었다. 그 차는 좌석이 높고 차체가 크고, 앞에 큼지막한 유리창이 달려서 전망이 탁 트인 차였다. 매번 내부 공간이 좁고 땅에 딱 붙은 쪼그만 차만 타다가 높고 널찍한 차를 타니까 아내가 흥분했는지 "여보 세상이 달라 보여요!"라고 말했다. 보이지 않는 것을 추구하게 될 때 우리는 우리가 누릴 영원한 영광을 보게 되고 그 결과로 고통에 대한 새로운 관점을 갖게 된다. 사도 바울은 고린도후서 4:17에서 이렇게 말한다. "지금 우리가 겪는 일시적인 가벼운 고난은, 비교할 수 없을 정도로 영원하고 크나큰 영광을 우리에게 이루어 줍니다."^{표준새번역}

바울은 지금의 일시적인 환난이 그저 귀찮고 고통스런 삶의 불청객이 아니라 자신의 영원한 영광을 이루는 데 필요한 과정임을 깨닫게 되었다. 이제 그에게 환난은 미래의 영원하고 크나큰 영광을 이루는 도구로 여겨 졌다. 현재 우리가 경험하는 고난의 무게는 마치 역기의 무게가 역도 선 수들의 근육을 만드는 것처럼 우리의 영적 근육을 형성시켜 준다. 경기에 서 승리하기 위해 선수들에게 가해지는 일종의 불가피한 훈련이 고난이 라는 것이다. 즉 그리스도와 함께 영광을 누리기 위해 고난도 받아야 함 을 알게 된 것이다. 그런 관점의 변화로 인해 바울은 그처럼 어렵던 환난 을 '가볍고 일시적인 것'으로 여길 수 있게 되었다. 그러나 그가 자신의 고 난을 그렇게 표현했다고 해서 그것을 사소한 것으로 생각해서는 안 된다. 단지 수양회에 가서 수세식 좌변기를 못 쓰는 것이나, 50분 설교를 견디 는 정도의 고난이 아니다. 바울은 엄청난 고난을 받았다. 고린도교회에 보낸 두 번째 편지에서 그는 자신의 고난을 이렇게 열거한다.

나는 수고도 더 많이 하고, 감옥살이도 더 같이 하고, 매도 더 많이 맞고, 여러 번 죽을 뻔하였습니다. 유대 사람들에게서 마흔에서 하나를 뺀 매를 맞은

것이 다섯 번이요, 채찍으로 맞은 것이 세 번이요, 돌로 맞은 것이 한 번이요,
파선을 당한 것이 세 번이요, 밤낮 꼬박 하루를 망망한 바다를 떠다녔습니다.
자주 여행하는 동안에는, 강물의 위험과 강도의 위험과 동족의 위험과 이방
사람의 위험과 도시의 위험과 광야의 위험과 바다의 위험과 거짓 형제의
위험을 당하였습니다. 수고와 고역에 시달리고, 여러 번 밤을 지새우고,
주리고, 목마르고, 여러 번 굶고, 추위에 떨고, 헐벗었습니다.고후 11:23-27.
표준새번역

이보다 더한 고난을 당한 자가 있는가? 그런데도 그는 앞으로 경험하
게 될 영광과 비교해서 이것이 아무것도 아니라고 말했다. "생각하건대
현재의 고난은 장차 우리에게 나타날 영광과 비교할 수 없도다."롬 8:18

바울처럼 보이지 않는 것을 추구하는 사람은 장차 있게 될 영광의 빛
안에서 고난을 보기 때문에 능히 고난을 극복할 수 있게 된다. 국가대표
선수들의 훈련장인 태릉선수촌을 가 보았는가? 그곳에 입소한 선수들은
새벽 6시에 일어나서 그때부터 하루 종일 비지땀을 흘리며 훈련을 한다.
감옥에 갇힌 것처럼 마음대로 그곳에서 나오지도 못하고 하는 거라고는
고생밖에 없지만 선수들은 제 발로 거기에 들어간다. 사실 못 들어가서
안달이다. 그들이 왜 그런 고생을 사서 할까? 무엇이 모자라서일까? 그렇
지 않다. 그 고생이 영광을 이룰 줄 알기 때문이다. 국제대회에서 경쟁력
이 가장 높은 양궁의 경우, 선수들은 번지점프와 UDT 체조를 하고 빗속
에서 활을 쏘기도 하며, 지쳐 쓰러질 때까지 구보를 하기도 한다. 그것은

결코 즐겁지도 재미있지도 않지만 그 후에 오는 영광이 그 모든 것을 상쇄하고도 남음이 있기 때문에 기꺼이 그 지옥훈련을 받는 것이다. 그들은 아마도 번쩍이는 메달과 꽃다발, 숱한 사람들의 환호성과 사진기자들의 플래시, 하늘 높이 나부끼는 국기와 울려 퍼지는 애국가 그리고 가족들과 껴안고 흘릴 감격의 눈물 등을 머릿속에 그리며 그 훈련의 고난을 감내할 것이다.

우리에게 장차 있게 될 영광을 상상해 보라. 올림픽은 겨우 16일간의 영광이지만 우리는 영원한 영광을 누릴 것이다. 사람들의 박수 대신 하나님과 천군천사의 박수갈채가 우리를 기다리고 있다. 금과 은과 동으로 만든 메달 대신 결코 잃어버리지 않으며 변하지도 않을 생명의 면류관이 바로 당신을 위하여 예비되어 있다. 우리가 이 땅에서 보고 들은 어떤 것과도, 우리가 할 수 있는 그 어떤 거침없는 상상과도 비교되지 않는 영광이 영원히 우리 것이 되어 빛나게 된다. 말씀에 대한 믿음과 성령의 도움 가운데서 펼치는 거룩한 상상은 우리로 하여금 장차 있게 될 영광을 가상이 아닌 실재reality로 받아들이도록 도와준다. 그렇게 함으로써 우리는 그 영광스러운 미래의 관점에서 현재의 고난을 본다. 우리는 고난이 일시적인 것이며 장래의 영광과는 비교가 되지 않는 것임을 알게 된다. 장차 있게 될 영광은 분명 우리의 눈으로는 보이지 않는다. 그러나 믿음을 가지고 상상함으로 그 영광을 바라보는 훈련을 하라. 당신은 현재의 어려움을 더 잘 극복할 수 있게 될 것이다. 그러나 그것이 전부가 아니다. 보이지 않는 것을 추구하는 삶의 유익은 또 있다.

인생은 제한되어 있다. 우리의 자원도 제한되어 있다. 그러므로 주의를 기울여 주어진 삶을 잘 활용해야 하지만 실상은 그렇지 못하다. 우리는 삶의 자원과 에너지를 쓸데없는 것에 다 쓰고 정작 중요한 일에 그것들을 쓰지 못하는 경우가 많다. 그것은 우리 인생의 큰 문제이다.

보통 유학생들은 가구를 잘 사지 않는다. 대충 주워서 쓰거나 남들에게 얻어서 쓴다. 한번은 동료 신학생의 집에 놀러갔는데 TV와 사진 액자 같은 것을 올려놓는 장식장이 낡아 그 안의 나무 칸들이 옆으로 쓰러질 듯 기울어져 있었다. 같이 간 친구가 "이 집에만 지진이 났나?"라고 해서 다 웃었던 적이 있다. 유학생들이 그렇게 사는 이유는 돈이 없어서이기도 하지만 어차피 잠깐 지내다가 가는데 본국에 들고 가지도 못할 그런 것에는 투자하지 않기 때문이다. 그러나 학생이었던 우리는 책 사는 데 드는 돈은 아끼지 않았다. 평생 쓸 자원임을 알기 때문이다.

고린도후서 4:18에서 바울은 보이지 않는 것을 추구하는 또 다른 이유를 밝힌다. "우리가 주목하는 것은 보이는 것이 아니요 보이지 않는 것이니 보이는 것은 잠깐이요 보이지 않는 것은 영원함이라." 쉬운 성경은 이렇게 번역했다. "우리는 보이는 것들에 시선을 고정시키는 것이 아니라 보이지 않는 것들에 시선을 고정합니다. 이는 보이는 것은 한순간이지만 보이지 않는 것은 영원하기 때문입니다." 그렇다. 보이는 것은 잠깐이다. 한순간에 불과하다. 지상에서 우리 눈에 보이고 손에 만져지는 모든 것은 영원한 것이 아니다. 돈도, 명예도, 인기도, 권력도, 쾌락도, 육체도 다 지나가는 것이다. 왕년의 유명 코미디언 고 서영춘 씨는 '인기는 물거품과 같은 것'이라는 말을 남겼다. 거품은 얼마나 빨리 사라지는가?

7년 전 새 차를 구입했던 때가 기억난다. 그전에 타던 10년 된 차와 비교했을 때 모든 것이 멋있고 새로웠다. 디자인도, 색상도 정말 마음에 들었다. 나는 차가 손상될까 봐 반드시 아파트 지하 주차장의 가장 구석 자리에 주차했다. 아이들이 차에 무엇을 흘리는 것은 용서받지 못할 죄악이었다. 내 차는 학교 주차장에서도 빛났다. 그러나 2년이 지난 어느 날 동료 교수가 새 차를 타고 왔다. 신형이었다. 내 차의 영광은 시들었다. 졸지에 내 차는 구형이 되어 버렸다. 보이는 것은 잠깐이다. 야고보는 우리의 인생이 아침에 잠깐 있다가 사라지는 안개와 같다고 말했다. 영원하지 못한 것들, 지나가고 말 것들을 추구하며 거기에 인생을 투자하면 우리의 삶은 지독한 낭비가 된다. 나이키 회사는 한 광고 문구에서 '인생은 짧으니 열심히 놀아라.'고 부추긴다. 그것은 잘못된 충고다. 열심히 놀면 신발만 빨리 닳는다. 인생은 짧으니 보이지 않는 것을 추구하라고 해야 옳다. 일시적인 것에 목을 매는 것은 바보 같은 짓이다.

보이는 것은 한순간이지만 보이지 않는 것은 영원하다고 바울은 말한다. 이 책의 후반부에서 다루게 될 하나님, 믿음, 성경말씀, 경건, 사람의 영혼, 마음, 하나님 나라는 당장 만질 수 있거나 눈에 보이는 것이 아니지만 영원히 지속되는 참된 현실이며 실재이다. 이런 것들을 추구하라. 보이지 않지만 이런 것들이 당신의 영원을 풍성하게 만들 것이다. 우리 후

배와 자녀들에게도 이런 가치를 심어 주어야 한다. 눈에 보이지 않는다고 마치 없는 것처럼 산다면 그보다 더 바보 같은 삶은 없다. 보이지 않는 것을 추구하라. 그리고 투자하라. 그러면 인생은 남는 장사가 된다.

인생은 소중한 것이다. 단 한 번밖에 주어지지 않는 절호의 기회이다. 그리고 그것은 우리가 생각하는 것보다 훨씬 빨리 지나간다. 이처럼 소중한 인생을 낭비하는 것은 말이 안 된다. 연기파 배우 스티브 맥퀸과 더스틴 호프만이 주연한 "빠삐용"이라는 영화는 오래되긴 했지만 깊은 감동을 주는 명화이다. 빠삐용은 죄가 없었지만 프랑스 검사들에게 몰려 살인죄의 누명을 쓰고 적도 부근 기아나의 지옥 같은 감옥에 갇힌다. 너무도 억울했던 그는 꿈속에서 검은 옷을 입은 재판관들에게 자신의 무죄를 항변한다. 그러자 재판관들은 그에게 이렇게 말한다.

"사람을 죽이지 않았는지 모르지만 너는 인간이 범할 수 있는 죄악 중에 가장 흉악한 죄를 범했어."

빠삐용은 그게 뭐냐고 물었고 재판관들은 "인생을 낭비한 죄"라고 응답한다. 빠삐용은 고개를 떨구고 울며 인정한다.

"유죄가 맞습니다! 유죄가 맞아요!"guilty! guilty!

그렇다. 삶을 낭비하는 것은 죄악이다. 그러므로 소중한 인생을 의미 있고 영원히 남을 것에 투자하도록 해야 한다. 이 땅에서 지나가 버릴 것을 위해 아귀다툼하며 그런 것들에 모든 자원을 다 쓴다면 이 무슨 낭비인가! 나는 미국의 물리학 대학원으로 유학 갔다가 도중에 신학으로 전공을 바꾸었다. 신학교에 가기 위해 버지니아 주에서 1,500km나 떨어진 텍

사스 주로 이사 갈 때 그동안 사 두었던 플리책은 무거운 짐만 될 따름이었다. 지금 소중히 여기며 집착하는 어떤 것이 너무도 무가치한 짐 덩어리에 불과했음을 언젠가 알게 될지 모른다. 보이지 않는 것을 추구하라. 하나님 나라에서 참으로 귀한 것, 세상이 바뀌어도 영원히 남을 것에 투자하라. 그것이야말로 남는 삶이고 낭비하지 않는 삶이며 영원에 걸쳐 보상받는 삶이다.

실제적 지침

지금까지의 유익만 열거해도 보이지 않는 것을 추구하고자 하는 충분한 동기부여가 된다고 본다. 그러나 당신이 고대 로마인이나 지금 미국인들처럼 실용적인 사람이라면 당장 적용할 수 있는 보다 구체적인 지침을 원할지 모른다. 그런 사람들을 위해 간략히 몇 가지 방안을 제시하려 한다.

먼저 삶의 목적을 분명히 하라. 종이를 꺼내 당신의 사명을 글로 써 보라. '나의 존재의 목적은 이런 것이다.'라고 써라. '사명서술문'mission statement이라고 일컬어지는 이 글의 작성을 위해 우리는 자신의 은사와 열정과 부르심을 고려해야 한다. 이 사명서술문에는 하나님에 대한 헌신과 예수님을 증거하는 것, 자기 세대에 대한 봉사가 포함되어야 한다. 참고로 다음은 나의 사명서술문이다.

나는 나를 창조하시고 구속하신 하나님의 뜻에 내 삶을 드려 그 아들 예수
그리스도를 신실하게 따르며 그분의 형상을 본받는 자가 되기 위해 존재한다.
나는 또한 설교와 가르침과 글을 통하여 교회를 세우고 예수의 이름으로
사람들을 섬기기 위해 존재한다. 마지막으로 나는 예수님의 향기와 하나님
나라의 기쁜 소식을 나와 동시대를 사는 많은 사람들에게 내가 할 수 있는
가장 효과적인 방법으로 나누기 위해 존재한다.

명함 크기로 만들고 코팅을 해서 지갑에 넣고 다니며 수시로 읽어 보
라. 이런 식으로 삶의 목적을 분명히 정리해 두면 보이지 않는 것을 좇아
가기가 보다 쉽게 된다.

두 번째로 하나님의 말씀을 믿으라. 눈에 그렇게 보이지 않더라도, 세
상이 그렇게 움직이지 않더라도, TV가 그렇게 가르치지 않더라도 하나
님이 말씀하셨다면 그것이 맞는 것이다. 사람의 삶이 그 소유의 넉넉함
에 있지 않다고 하면 그 말씀을 믿고 탐욕을 다스리라. 주는 것이 받는 것
보다 복이 있다고 하면 그 말씀을 믿고 주려고 하라. 물질만이 아니라 사
랑과 격려를 나누어 주라. 한 사람의 생명이 천하보다 귀하다고 하면 그
렇게 믿고 사람들을 귀하게 보며 대하라. 하나님이 가치 있다고 하는 것,
하나님이 영원하다고 하는 것, 그것을 우직하게 믿고 그런 것에 투자해야
한다.

세 번째로 하나님의 임재를 연습하라. 하나님은 우리가 생각하는 것
보다 가까이 계신다. 우리는 떨기나무를 통해 우리에게 말을 거시는 그분

을 봐야 한다. 영성작가 마이클 프로스트 Michael Frost는 "고호의 작품 〈해바라기〉에서, 부서지는 파도 가운데서, 갓 태어난 아기의 해맑은 눈동자 속에서, 장미 한 송이 혹은 영화나 책 속에 등장하는 인물, 아름다운 노래, 계절의 변화 가운데서 하나님을 발견하라."고 충고한다.[11] 자주 그분에 대해 생각하라. 일상적인 사건과 자연 속에서 그분을 발견하라. 그분의 임재를 경험하면 할수록 보이지 않는 것의 매력은 더 커지게 될 것이다.

네 번째로 성령의 충만을 받으라. 성령은 지혜의 영이시다. 그분은 무엇이 소중하며 어떤 것을 선택해야 할지, 어떻게 살아야 할지 가르쳐주신다. 말씀으로 마음을 채우고 기도해야 한다. 성령의 자유로운 역사에 방해가 되는 죄는 회개하고 버릴 필요가 있다. 무엇보다도 성령의 세밀한 음성에 귀를 기울이고 순종해야 한다. 그분은 보이지 않는 것을 좇도록 친절히 이끌어 주신다.

다섯 번째로 피차 격려하라. 우리는 외딴섬이 아니다. 눈에 보이는 것이 전부인 줄 아는 세상에서 보이지 않는 것에 올인하는 삶은 결코 쉽지 않다. 혼자서는 그 모든 유혹과 또래집단의 압박을 감당하기 불가능하다. 서로를 붙들어 주어야 한다. 보이지 않는 것을 위해 살도록 서로 중보하고 자극해야 한다. 특별히 우리 자녀들이 보이지 않는 것을 추구하며 살도록 격려할 필요가 있다. 그들에게 삶으로 모범을 보이며 올바른 가치관을 심어 주도록 최선을 다하도록 하자.

아브라함과 롯의 교훈

　구약에 나오는 아브라함과 롯의 이야기를 기억할 것이다. 그들은 가축이 많아서 함께 있기가 어려워졌다. 그래서 각자 땅을 선택하는데, 롯은 눈에 보이는 것에 근거해서 비옥하고 물이 넉넉하여 마치 에덴동산과 같았던 소돔 성을 선택했다. 그는 그 성이 악하거나, 영적인 삶에 부정적인 영향을 미칠 것인가의 여부는 전혀 고려하지 않았다. 그러나 아브라함은 믿음으로 하나님의 도성을 바라보며, 그것을 추구했다.^{히 11:16} 그 결과 롯은 타락한 소돔이 멸망할 때, 아내와 사위를 잃었고, 잘못된 가치관에 영향을 받은 딸들과 동침하여 자손을 낳는 부끄러운 인생을 살게 된다. 그러나 아브라함은 믿음의 조상이 되었고, 축복의 통로로 세대와 지역을 초월한 수많은 사람들에게 영감을 주는 삶을 살게 되었다. 우리는 아브라함처럼 보이지 않는 것을 추구해야 한다. 그때 우리는 영향력을 끼치고 축복의 통로가 되며, 주위의 세상을 변화시킬 수 있다.

_4장 달인가? 6펜스인가?

1. 무언가 남다른 것을 추구한 경험이 있는가?

2. 저자는 보이지 않는 것을 추구하는 삶에 대한 개념 정리를 하면서 신비주의, 내세 지향적 삶, 교회생활에의 몰입 등의 오해를 제시했다. 당신이 갖고 있었던 오해는 어떤 것인가? 보이지 않는 것의 추구란 "현실을 책임 있게 살되 그 가운데서 정말 가치 있고 궁극적으로 중요한 것—하나님과 그분의 나라와 같은—에 시선을 고정한다는 뜻"이라는 저자의 묘사에 비추어 당신의 삶을 평가해 보라.

3. 당신의 내면세계는 날마다 새로워진다고 말할 수 있는가? 겉사람과 속사람의 관리에 쏟는 당신의 노력을 비교평가하라.

4. 현재 당신에게 닥친 어려움이나 문제는 무엇이며 그것에 대한 당신의 태도는 어떠한가? 당신은 현재의 그 어려움이 미래의 영광을 이루는 도구라는 저자의 말에 대해 어떻게 생각하는가?

5. 빠삐용이 꿈속에서 재판을 받은 것처럼 누군가가 지
   금까지 당신의 인생이 제대로 사용되었는지, 낭비되
   었는지에 대해 판결을 내린다면 어떻게 내릴까? 왜 그
   렇게 생각하는가?

6. 저자가 제시한 5가지 실제적 지침 가운데 보이지 않
   는 것을 추구하고자 하는 당신에게 가장 필요하거나
   도움이 되는 것은 무엇인가? 어떤 면에서 그런가?

우리를 빚어 주는 성경적 가치

최상의 인생지침서 : 성경

상상력 게임을 한번 해 보자. 스스로를 마귀라고 상상해 보라. 그런 다음 마귀로서 무슨 일을 주된 프로젝트로 삼을 것인지 생각해 보라. 마귀의 입장에서 당신은 어떤 일에 가장 역점을 두고 일하겠는가? 그리스도인들을 핍박하겠는가, 교회당 건물을 다 태울 것인가? 목사와 선교사들을 투옥시키거나 죽이겠는가? 다 마귀가 할 만한 일들이고 또 실제로 그런 일들을 했었다. 그러나 옥스퍼드 출신의 복음주의 신학자 제임스 패커James I. Packer는 이 질문에 대해 만약 자신이 마귀라면 무엇보다도 먼저 사람들로 하여금 성경을 못 믿게 하고 그 권위에 도전하게 하며 그 신뢰성을 의심하게 하고 성경을 접하지 않게 하도록 모든 노력을 기울이겠다고 했다.

성경의 기록을 보면, 마귀가 인류에게 가장 먼저 한 일이 하나님의 말씀을 의심하게 한 일이었다. 그는 에덴동산에서 지복의 상태에 있던 하와

에게 접근하여 주께서 그녀와 그 남편에게 명하신 말씀에 의문을 품도록
'작업'을 걸었다. 그것이 그의 첫 번째 미션이었다.

말씀이 기록된 후로는 그 기록된 말씀에 대해 집요한 공격을 했다. 사
람들로 하여금 말씀의 권위에 도전하거나 그 내용을 의심하게 하거나 아
예 읽지도 못하게 했음을 우리는 역사를 통해 잘 알고 있다. 핍박받던 초
대교회 시절, 로마는 제국의 가공할 힘을 동원하여 성경을 소유한 사람들
을 잡아 죽이고 성경을 모아 불태웠다. 중세 때는 놀랍게도 교회가 나서
서 일반 신자들로부터 성경을 읽고 해석하는 권리를 박탈했다. 당시 공식
적인 성경은 라틴어로 된 불가타역이었기 때문에 라틴어를 모르는 일반
인들은 성경을 읽지도, 이해하지도 못했다. 근대가 되어서는 자유주의신
학자들이 성경을 신화나 또는 한 민족의 종교적 기록으로 격하하여 그 권
위에 도전했다. 무신론을 신봉하는 공산주의자나 인본주의자들의 도전
과 공격도 거셌다. 구소련 때 발간된 러시아 사전은 성경을 "과학적으로
뒷받침되지 않는 진기한 전설들의 모음집으로서 모호한 암시들, 역사적
과오들, 모순들로 가득 차 있다."라고 고발했다. 거대 담론 자체를 거부하
는 포스트모던 시대에서도 성경과 그 안에 담긴 기독교 세계관에 대한 공
격은 계속되고 있다.

그러나 그런 가운데서도 성경은 사라지지 않고 여전히 수많은 사람들
의 삶을 변화시키며 헤아릴 수 없는 사람들에게 삶의 영감을 주고 있다.
성경은 여전히 항시적 베스트셀러이며 숱한 문학과 예술의 일차적 출처
source이다. 성경의 권위를 존중하는 교회 그리고 성경을 올바로 가르치며

효과적으로 강해하는 많은 교회들은 참된 부흥과 성장을 경험하고 있다.

역사를 통해 수많은 사람들이 성경의 지침을 받았고 성경의 가치를 발견했다. 그 가운데는 정치가, 학자, 예술가도 있다. 인종과 신분과 세대와 언어와 성별에 상관없이 성경은 사람들의 삶에 강력하고 아름다운 영향을 미쳐 왔고 또 지금도 그러하다. 키이스 밀러Keith Miller가 『모험의 가장자리』The Edge of Adventure에서 밝힌 다음의 이야기는 성경이 우리의 영혼뿐 아니라 생활양식 전체를 변화시킬 수 있음을 보여 준다.[12]

우연히 발견된 유토피아

바운티Bounty 호는 1787년 영국을 떠나 남쪽 바다로 항해하던 영국 배였다. 그 배에 타고 있던 사람들은 섬들을 돌아다니며 과실수를 심고 그 섬에서 사람들이 거주할 수 있도록 몇 가지 다른 일들도 하려는 취지를 가지고 있었다. 항해한 지 10개월 후 바운티 호는 목적지에 안전하게 도착했고 6개월 동안 그 배에 탔던 사람들은 정부가 시키는 대로 그들의 의무를 다했다.

그러나 특별한 의무가 끝나고 다시 승선하라는 명령이 떨어졌을 때 승무원들은 이에 반항했다. 그들은 원주민 여자들과 어울렸고 남해 섬의 기후와 편안함을 너무 좋아하게 되었기 때문에 떠나기를 원치 않았던 것이다. 그 결과 배 위에서는 폭동이 일어났고 선원들은 블라이 선장과 몇 명의 충성스런 남자들을 지붕 없는 배에 태워 떠내려가도록 했다. 블라이 선장은 수많은 어려움을 견뎌 낸 끝에 거의 기적적으로 구조되어 마침내 런던에 도착해서 그간의 이야기를 했다. 폭동자들을 벌하기 위해 탐사대가 출발했고 14명의 선원들이 잡혀서 대영제국의 법에 따라 처벌을 받았다.

그러나 아홉 명의 선원들은 멀리 있는 다른 섬으로 도망갔다. 그들은 그곳에서 마을을 형성했다. 아마 그 집단보다 더 타락하고 방탕한 사회집단은 결코 없었을 것이다. 그들은 그 지방 고유의 식물에서 위스키를 추출하는 것을 배웠고 보통 그렇듯이 그 위스키는 다른 타락한 관습들과 함께 그들을 멸망으로 이끄는 요인이 되었다. 질병과 살인으로 인해 원주민 일부와 알렉산더 스미스라는 백인 한 사람을 제외한 모든 사람들이 죽었다. 스미스는 자신이 섬에 살아 있는 유일한 남자이며 많은 여자들과 혼혈아들로 둘러싸여 있었음을 알았다. 그는 죽은 선원들의 잔유물을 챙기다가 그 가운데서 성경을 발견했다. 그 책은 그가 전에 한번도 읽은 적이 없었던 처음 대하는 책이었다. 그는 성경을 읽기 시작했다. 성령의 도움으로 그는 기록된 말씀을 믿게 되었고 그 말씀을 적절히 사용하며 삶에 적용하기 시작했다. 그는 다른 사람들과도 이 책의 유익을 나누어 가지기를 원했기 때문에 여자들과 아이들에게 그것을 읽어 주고 또 가르쳤다.

20년이 지난 후 어떤 한 배가 그 섬을 발견했을 때는 그곳에 소형 유토피아가 건설되어 있었다. 사람들은 품위, 번영, 조화 그리고 평화 가운데 살고 있었다. 범죄, 질병, 부도덕, 광란 그리고 문맹은 존재하지 않았다. 어떻게 그 놀라운 일이 이루어질 수 있었던가? 그들은 성경을 반복해서 읽고 믿었으며 그 말씀에 따라 합당한 생활을 했기 때문이다.

허다한 증인들

삶을 변화시키는 성경의 놀라운 능력을 입증하는 사람은 알렉산더 스미스와 그 섬의 주민들만이 아니다. 히브리서 기자의 표현을 빌면 우리에게는 "구름같이 둘러싼 허다한 증인들"히 12:1이 있다. 단지 목회자나 선교사 또는 기독교 전문 사역자들만이 아니라 삶의 모든 영역에 종사하는 사람들이 성경의 영향력에 대해 증언했다. 그들 가운데 몇몇 사람들의 증언에 귀를 기울여 보자.

미국에서 노예해방을 이끌어 내고 남북전쟁의 상흔을 치유했던 위대한 대통령 아브라함 링컨은 성경에 대해 "하나님이 사람에게 주신 최고의 선물"이라면서 "그것이 없이는 선악을 분별할 수 없을 것"이라고 말했다. 링컨은 어릴 때부터 경건한 어머니의 영향으로 성경을 읽고 암송했으며 변호사 시절 법정에서도 성경을 자주 인용했다. 미국의 16대 대통령이 되었을 때 그는 낡고 조그마한 성경책을 들고 나와 이렇게 고백했다.

이 낡은 성경책은 바로 어머니께서 저에게 물려주신 것입니다. 저는 이 성경책으로 말미암아 대통령이 되어 여기 이 자리에 서게 되었습니다. 저는 성경말씀 대로 이 나라를 통치하겠습니다.[16]

그리고 그는 성경 위에 손을 얹고 국민들에게 서약했다. 실제로 나라에 어려운 일이 생기면 그는 무릎을 꿇고 하나님의 도우심을 구함과 동시에 성경에서 하나님의 지혜를 빌리려고 했다. 그가 미국의 가장 위대한 대통령이 될 수 있었던 것은 26대 루즈벨트 대통령의 표현처럼 "성경과 함께 숨 쉬고 성경과 함께 산" 그의 삶에 원인이 있다고 해도 과언이 아니다.

링컨 같은 정치가만이 성경의 인도함을 받은 것은 아니다. 한 시대를 풍미했던 18세기의 시인이자 석학인 독일의 요한 볼프강 폰 괴테_{Johann Wolfgang von Goethe}는 성경에 대해 다음의 증언을 남겼다. "성경에 대한 우리의 이해가 커질수록 성경은 점점 더 아름다워진다." 그의 대표작인『파우스트』_{Faust}는 그 문체와 내용에서 그가 얼마나 성경의 영향을 많이 받았는지를 쉽게 보여 준다. 사실 괴테의『파우스트』가 이전의 작품들과 결정적으로 갈라서게 되는 분기점은『철학카페에서 문학읽기』의 저자 김용규의 지적처럼 주인공이 마지막 순간에 구원을 받는 것인데 이는 철저히 기독교적이고 성경적인 개념이다.[14]

빅토르 위고_{Victor Marie Hugo}도 성경을 존중한 문인의 한 사람이다. 그의 대표작『레 미제라블』_{Les Miserables}은 평생 쫓겨 다니던 프랑스인 죄수 장발장이 끝내는 용서를 통해 새사람이 된다는 내용의 책이다. 그것은 용서만이 사람을 진정으로 변화시킬 수 있다는 성경의 가르침과 일치한다. 위고는 성경에 대한 자신의 존경심을 다음의 유명한 말로 나타냈다.

"영국은 두 개의 책을 가지고 있는데 하나는 성경이고 다른 하나는 셰익스피어이다. 영국은 셰익스피어를 만들었다. 그러나 영국을 만든 것은 성경이다.”

최근에는 기업 경영과 리더십에도 성경의 영향이 느껴지고 있다. 얼마 전에 거액의 돈을 구제비로 쾌척하여 화제가 되었던 마이크로소프트 사의 빌 게이츠Bill Gates는 성경을 믿는 그리스도인이다. 그는 평소에도 빈곤 퇴치와 난치병 연구를 위해 많은 돈을 기부해 왔다.

리더십 관련 서적 가운데 기념비적인 『서번트 리더십』The world's most powerful leadership principle이라는 책이 있다. ‘서번트’servant는 종이라는 뜻이므로 ‘종의 리더십’ 또는 ‘섬기는 리더십’이라고 번역할 수 있다. 이것은 성경에서 나온 리더십의 원리이다. 세계적인 리더십 전문가이며 《뉴욕 타임즈》 베스트셀러 작가인 존 맥스웰John Maxwell은 성경에 대해 언급하면서 “성경은 지금까지 쓰인 모든 리더십 책 가운데 최고의 책이다.”라고 칭찬한바 있다.[15]

이 외에도 성경의 가치와 영향력에 대한 증언은 계속해서 이어질 수 있다. 그러나 성경이 단지 종교적 영역만이 아니라 삶의 다양한 영역에 영향을 끼쳐 왔음을 보기에는 이 정도로 충분할 것이다.

믿을 만하고 참된 인생지침서

이제 성경이 그 자체에 대해 하는 설명을 들어보자. 디모데후서 3:16-17은 성경이 얼마나 가치 있는 인생지침서인지를 말해 준다. 먼저 바울은 "모든 성경은 하나님의 감동으로 된 것"16절이라고 하면서 성경이 믿을 만하고 참된 인생지침서임을 말해 준다. 사실 '하나님의 감동'이라는 표현은 그 정확한 뜻을 이해하기가 쉽지 않다. 미국 유학 때 교회 배경이 별로 없는 대학원 학생들과 함께 성경공부를 하면서 있었던 일이다. 당시 이 구절을 읽었는데 누군가가 "하나님이 감동을 받아서 성경이 생겼다는 말입니까?"라고 질문하기도 했다.

영어 성경에서 '하나님에 의한 영감'inspiration by God으로도 번역된 헬라어, '데오프뉴스토스'theopneustos는 직역하면 '하나님께서 호흡을 불어넣었다'—또는 숨을 내쉬었다—가 될 것이다. 하나님께서 먼저 말씀을 시작하셨다는 이야기로, 성경이 하나님으로부터 기원했다는 의미이다. 이 말의 의미를 보다 분명히 이해하기 위해 베드로후서 1:21을 보면 "예언은 언제든지 사람의 뜻으로 낸 것이 아니요 오직 성령의 감동하심을 받은 사람들이 하나님께 받아 말한 것임이라."라고 되어 있다. 이제 "모든 성경은 하나님의 감동으로 된 것"이라는 표현의 의미가 보다 분명해졌으리라 믿는다. 성경은 어떤 종교인들이 자기들의 종교적 성찰이나 사유의 결과를 약간의 신적 도움을 얻어 기록한 책이 아니다. 오히려 성경은 하나님께서 당신의 생각과 뜻을 성령의 지배를 받은 거룩한 사람들에게 알려 줌을 통해 기록되었다.

이것을 사장이 비서에게 받아쓰기를 시켰다는 의미로 이해해서는 곤란하다. 그런 기계적인 방법을 통해 하나님의 의도가 전달된 것이 아니라 성령의 역동적인 역사하심 가운데 하나님의 사람들을 쓰셔서 하나님의 의도와 뜻을 전달했다고 보는 것이 옳다. 성경기자들의 개성과 경험, 단어 사용과 문체들을 그대로 살리면서, 그들이 처한 역사적, 문화적 상황 가운데서 하나님의 뜻이 전달되고 기록되었던 것이다. 나는 성경에 이러한 인간적인 측면이 있다는 사실을 좋아한다. 인간의 고뇌와 슬픔과 갈망과 기쁨이 녹아 있기 때문에 우리는 자연스럽게 성경에 다가갈 수 있고 성경은 더 효과적으로 우리에게 말씀하며 사역할 수 있는 것이다. 마치 하나님의 아들이 인간에게 사역하시기 위해 인간이 되셨던 것처럼 말이다. 그러면서 동시에 성령 하나님의 초자연적인 역사로 성경기자가 기록한 모든 말을 통해 정확하고 오류 없이 하나님의 생각을 우리에게 전달하였으니 얼마나 감사한가?

이처럼 성경은 하나님의 뜻과 생각을 기록한 하나님의 말씀이기 때문에 사람을 통해 말씀하셨다 하더라도 하나님의 권위를 지닌다. 일국의 대통령이 대통령의 자격으로 어떤 말을 했다면, 그것이 대변인의 입을 통해 나왔더라도, 그 말이 대통령의 권위를 지니는 것과 같은 이치다. 바울이 디모데후서 3:16에서 "모든 성경"이라고 한 것은 그 당시에는 구약성경 전체를 지칭하는 말이었지만 성경 66권이 정경으로 완성된 오늘날에는 창세기부터 요한계시록까지의 모든 성경을 의미하는 것으로 보면 된다.

성경은 하나님의 권위를 지닌 하나님의 말씀이기 때문에 우리에게 믿을 만하고 참된 인생지침서가 된다. 사실 성경의 타이틀만 봐도 이를 짐작할 수 있다. 성경을 영어로 '바이블'the Bible이라고 하는데 이는 '책'을 의미하는 헬라어 '비블리아'biblia에서 왔다. 세상에 '책'이라는 제목을 지닌 책을, 그것도 정관사가 붙어서 '그 책' 또는 '유일한 책'이라는 제목을 어떻게 생각할 수 있는가? 그런데 성경의 제목이 바로 그것이다. 우리는 보통 어떤 영역에서 가장 믿을 만하고 중요한 책을 일컬을 때 '경영의 바이블', '컴퓨터의 바이블'같이 바이블이라는 말을 붙인다. 성경은 인생의 바이블이다. 그것은 하나님의 권위를 가지고 우리 삶을 지도하는 '유일한 책'The Book이다.

성경이 하나님의 권위를 가진 인생지침서라면 그것은 우리 삶과 사역의 최종적 권위요, 기준이 되어야 한다. 우리는 사업상의 결정이나 데이트 또는 부부관계와 같은 모든 선택과 행동에 있어서 성경의 지침을 따라야 한다. 우리는 또한 정치, 경제, 사회, 문화적 이슈들을 성경에 비추어 평가해야 한다. 성경이 그 모든 것의 믿을 만하고 참된 교범이며 기준이기 때문이다.

대학 다닐 때 소백산 꼭대기에 있는 부대에 위문을 간 적이 있었다. 몇몇 서로 다른 소규모 부대가 모여 있어서인지 응집력도 없고 군기도 없어 보였다. 위문단이 왔기 때문에 장교 한 사람이 병사들을 모아 정렬을 시켰다. 기준을 세웠는데 두 사람이 동시에 손을 들고 기준을 외쳤다. 그러자 그 옆의 다른 병사들도 기준을 외쳤고 모임은 일시에 아수라장이 되어 버렸다. 그런 와중에 누군가가 있는 힘껏 소리를 질렀다. 들은 바를 그대로 옮기니 용서하시라. "기준이 엿 같아서 그래!"

기준이 '엿' 같으면 혼란이 일어날 수밖에 없다. 우리의 인생과 영적 생활에서도 마찬가지다. 기준이 잘못되면 모든 것이 틀어진다. 그러나

 하나님 나라의 진주를 구하다

성경은 믿을 만하고 참된 기준이며 인생의 권위 있는 지침서이다. 우리는 성경을 신뢰하고 성경의 인도를 따르며 성경에 맞추어 내 인생을 정렬할 필요가 있다.

이익이 남는 인생지침서

성경은 진리이다. 그것은 믿을 만하고 참된 인생의 지침서이다. 그러나 실용주의의 자녀가 된 우리는 진실성만으로는 만족하지 못한다. 그런 우리의 경향성을 미리 간파했는지 바울은 모든 성경이 우리에게 유익하다고 말한다. 디모데후서 3:16의 첫말과 끝말을 붙여 보면, "모든 성경은…유익하니"가 된다. '유익'이라는 말의 헬라어 어근을 살펴보면 이익, 즉 '남다'라는 상업적 의미가 있음을 알 수 있다. 즉 모든 성경은 우리에게 이익이 된다. 우리는 이 말씀에 대해 의아하게 생각할 때가 있다. 마음먹고 신약성경을 읽으려고 딱 펴면 바로 '누가 누구를 낳고'가 끝도 없이 나와서 우리를 좌절시킨다. 역대상은 더하다. 1-9장까지가 족보이다. 이게 무엇이 유익한가? 우리는 의문을 갖는다. 그런데 아프리카 사람들은 족보에서 제일 은혜를 받고 그것 때문에 성경의 권위를 인정한다고 한다. 그들은 족보를 존중하기 때문에 족보가 자세할수록 그 문서가 참된 것임을 믿기 때문이다. 비록 우리가 당장 이해하기 힘든 부분이 있어도 모든 성경이 유익함을 믿어야 한다. 그러면 성경은 어떤 면에서 유익한가?

먼저 모든 성경은 가르침으로 유익하다. 16절 중간 부분에 '교훈'이라고 번역된 말은 '가르침'이라는 말로도 번역될 수 있다. 성경은 우리가 무엇을 믿어야 할지 가르쳐준다. 하나님에 대해서, 그리스도에 대해서, 성령에 대해서, 교회에 대해서, 인간에 대해서, 이 세상 역사의 흐름에 대해서 무엇이 진리인지를 우리에게 가르쳐주는 것이다. 이러한 가르침을 알지 못한다면, 건강한 신앙생활을 할 수 없다. 오늘날 많은 그리스도인들이 무엇을 믿는지조차 모르는 경향이 있다. 어떤 사람이 교회에서 예배를 마치고 나오는 청년에게 믿는 바가 무엇이냐고 물었다.

"저는 우리 교회가 믿는 것을 믿습니다."

청년은 대답했다.

"그러면 교회는 무엇을 믿습니까?"

그가 다시 물었다.

청년은 "교회는 제가 믿는 것을 믿지요."라고 답했다.

질문자는 약간 짜증이 난 얼굴로 세 번째 질문을 했다.

"글쎄, 당신과 당신의 교회가 믿는 것이 무엇인가 하는 말입니다."

그 청년은 퉁명스럽게 대답했다.

"저와 제 교회는 같은 것을 믿습니다."

이를 그저 우스개에 그치는 이야기로만 봐야 할까?

과거 청교도들은 온 가족이 식탁에 둘러앉아 교회에서 받은 가르침과 교리에 대해 1시간씩 토론했다고 한다. 그러나 지금 대부분의 그리스도인들은 교리와 신학에 대해 무지하다. 대놓고 교리를 멸시하는 이들도 있다. 열광적인 찬양이나 감정적인 활동에만 몰입하여 성경의 가르침을 가볍게 여기는 이들도 있다. 그러나 이는 매우 위험한 태도이다. 사람은 자기가 믿는 바대로 행동하는데 무엇을 믿는지조차도 모른다면 어떤 영적 생활을 기대할 수 있겠는가? 예를 들어 하나님에 대해 잘못된 가르침을 받은 사람은 잘못된 예배에 빠지게 되며 결국 잘못된 삶의 방식을 가지게 될 것이 뻔하다. 자기의 믿는 바가 무엇인지 정확히 알고 있는가? 성경으로 돌아가라. 성경은 우리가 무엇을 믿어야 하며 어떻게 살아야 할지를 가르쳐준다. 그래서 유익하다.

또한 모든 성경은 책망하는 데 유익하다. '책망이 무엇이 유익한가?'라고 반문할지 모른다. 생각해 보라. 책망은 죄짓기 잘하는 우리를 돌이켜 회개하게 만든다. 책망이 없으면 방자하게 될 따름이다. 잘못을 하는데도 책망을 받지 않고 자란 아이는 훌륭한 아이가 될 수 없음을 우리는 잘 알고 있다. 아이가 백화점 바닥에 쉬를 해도 "참 시원하겠다."고 하거나 공연히 옆집 아이를 때려 코피를 터트려도 "너, 펀치 참 세구나."라며 칭찬만 한다면 그 아이는 어떻게 되겠는가? 책망하지 않는 것은 아이를 망치는 지름길이다.

어릴 때 나는 빨리 어른이 되고 싶었다. 그 이유 중 하나는 접시를 깨도 내가 깨면 야단을 맞지만 엄마가 깨면 아무 말이 없었기 때문이었다. 그때는 그것이 불공평하게 생각되었고 어른이 되면 책망 받지 않아서 참 좋겠다고 생각했다. 그러나 막상 어른이 되어 보니 책망하는 사람이 없는 것은 복이 아니라, 화가 되는 것이었다. 사실 어른이 되는 것의 단점 중

하나는 책망하는 사람이 없어진다는 것이다. 그래서 어른은 발전이 둔하고 성장이 더딘 것인지도 모른다. 그런데 성경은 우리를 책망하신다. 얼마나 다행인가! 성령님은 말씀을 통해서 숨었던 죄와 잘못된 부분을 지적하시고 책망하신다. 사실 우리 마음은 너무도 타락해서 말씀을 보지 않으면 무엇이 잘못된 것인지도 잘 모른다.

성경이 우리를 책망할 때 우리는 '열린' 심정으로 듣고 회개해야 한다. 그렇지 않으면 유익이 없다. 스데반이 설교할 때 그 말씀이 마음에 찔리니까 사람들이 귀를 막고 달려들어 그를 돌로 쳐 죽였다. 그래서는 곤란하다. 하나님은 상하고 통회하는 심령을 멸시하지 않으신다고 했다.시 51:17 그런 가난한 마음으로 반응해야 한다.

더 나아가 모든 성경은 바르게 하는 데 유익하다. 여기 바르게 한다는 말은 바른 자세나 상태로 회복시킨다는 뜻이다. 잘못된 것을 바르게 하는 과정은 책망에 반드시 따라와야 한다. 그냥 책망만 한다면 우리는 좌절감과 죄책감에 빠질 것이다. 나는 한때 가벼운 허리 디스크 증세로 정형외과에 가서 치료를 받은 적이 있다. 의사는 약을 처방해 주었을 뿐 아니라 전기치료와 견인치료 등을 통해 디스크를 바로잡으려 했다. 그런데 의사가 나의 잘못된 점에 대해 잔뜩 지적만 하고 돌려보냈다면 어떻게 되었을까? 나는 내 잘못에 대해 자세하고 정확한 정보를 얻었을지 모르지만 여전히 디스크로 고통받을 것이다. 성경은 좋은 의사처럼 우리를 치유하고 회복시켜 준다. 바로잡음에 대한 또 다른 예는 교사를 들 수 있다. 모든 훌륭한 교사는 학생의 잘못된 점을 지적하고 책망하지만 그것에 그치지 않는다. 어떻게 바로잡을지 가르쳐주며 대안을 제시한다. 미국에서 공부할 때 가장 인상적이었던 것은 제출한 과제물의 여백에 빨간 글씨로 빼곡히 평가와 개선책을 써서 돌려준 교수님들의 노력이었다. 성경은 그런 교사와도 같다.

마지막으로, 모든 성경은 의로 교육하는 데 유익하다. 교육이라는 말은 자녀를 훈련시킨다는 뜻이 있다. 성경은 우리를 바로잡을 뿐 아니라 계속 바른 상태에 있도록 훈련한다. 사실 자식을 키워 보면 누구나 겪는 일이지만 아이들은 한 번 바로잡는다고 계속 그 상태에 머물러 있지 않는다. 조금 바르게 되는가 싶다가도 금세 비뚤어지고 또 잘못된 행동을 한다. 이를 방지하는 길은 계속해서 관심을 갖고 어떤 규칙을 적용해서 훈련시키는 것이다. 중학교에 다니는 우리 딸은 집에 와서 반드시 해야 할 일들이 몇 가지 있다. 피아노와 바이올린 연습하기, 영어책 읽기, 국어책 읽기, 수학문제 풀기, 학교 숙제하기 그리고 성경읽기와 같은 것이다. 아내는 매일 이를 점검하고 잘할 수 있도록 독려하며, 못하면 벌을, 잘하면 상을 준다. 이것이 훈련이다. 성경은 우리가 의로운 상태로 계속 살아가도록 양육하고 훈련시킨다.

구비시켜 주는 인생지침서

성경은 믿을 만한 참된 인생지침서이며 우리의 잘못을 바로잡고 의로 교육하는 데 유익하다. 그러나 그것이 전부가 아니라, 성경은 우리를 모든 선한 일에 적합하도록 구비시켜 주기도 한다. 사실 이것이 성경의 가장 중요한 목적이다. 바울은 디모데후서 3:17에서 성경이 "하나님의 사람으로 온전하게 하며 모든 선한 일을 행할 능력을 갖추게 하는 것"이라고 말한다.

이 구절은 일차적으로 바울이 자신을 대신하여 에베소교회에서 목회 활동을 하고 있는 믿음의 아들 디모데에게 권면한 것이다. '하나님의 사람'이란 구약에서는 선지자들에게 사용된 표현인데, 여기서는 하나님의 말씀을 전하며 교회를 이끄는 지도자를 지칭한다. 바울이 이 구절에서 사용한 동사인 '온전하게 하다'라는 단어는 '전부 구비되다'라는 뜻이 있다. 바울은 성경말씀이 디모데로 하여금 모든 선한 일을 하게끔 구비시킬 것이라고 말하는 것이다. 구비됨에는 기능적인 측면과 인격적인 측면이 다 있지만 여기서는 인격적인 측면이 더 강조되어 있다고 보는 것이 낫다. 하나님의 사람으로서 자기에게 부과된 모든 요구들을 잘 감당할 수 있는 사람이 될 수 있게 한다는 의미이다. 하나님께서 인정하시는 선한 일은 재주만으로 되지 않는다. 하나님이 쓰실 만한 사람이 되어야 하나님의 일을 할 수 있다. 목회자이든 평신도이든 교회에서 문제를 일으키는 사람을 보면 재능이나 열심보다는 인격적인 면에 문제가 있는 경우가 훨씬 많다. 물론 우리 모두에게 이런 점들이 조금씩 다 있지만 특별히 그런 사람들에게서 미숙하거나, 교만하거나, 경솔하거나, 균형 감각이 없거나, 치유되지 않은 상처가 있는 것을 볼 수 있다.

 하나님 나라의 진주를 구하다

하나님은 우리를 쓰시기 전에 먼저 빚으신다. 절정기의 모세를 생각해 보라. 그는 당시 최강국 이집트의 왕실에서 최고의 교육을 받았다. 그는 전쟁에서도 용맹스러운 장수였고 이집트의 왕자로서 큰 영향력을 가지고 있었다. 그는 또한 40세 때 자기 민족을 돌아보고자 하는 애국심, 열정, 힘과 재능을 가진 이스라엘의 아들이기도 했다. 인간적으로 볼 때 그는 모든 것을 갖춘 사람이었다. 그러나 하나님은 그런 그를 쓰지 않으셨다. 척 스윈돌의 말처럼 40세의 모세는 최고의 자격을 갖추었으나 아직 하나님께서 쓰실 수 없는 사람이었던 것이다. 하나님께서 그를 빚기 시작하셨다. 40년 동안 광야의 학교에 보내 하나님의 선한 일에 적합하도록 그를 구비시키신 것이다.

성경은 하나님께 쓰임 받는 사람이 되도록 우리를 빚는 하나님의 도구이다. 그분은 성경말씀으로 우리를 낮추고 우리의 영혼을 빚으며 우리를 구비시키신다. 성경말씀으로 우리의 "혼과 영과 및 관절과 골수를 찔러 쪼개기까지 하며 또 마음의 생각과 뜻을 판단"히 4:12하신다. 성경말씀으로 지혜를 주시고 마음의 눈을 밝게 하며 우리의 심지를 견고하게 만드신다.

바울이 '온갖' 선한 일이라고 하였음을 기억하라. 단지 종교적인 일만이 아니다. 한국 교회는 이원론적 영성으로 인해 세상에서 빛과 소금으로 사는 데 미흡한 면들을 보여 왔다. 소위 '예배당 중심, 주일 중심, 담임목사 중심'의 영성으로 인해 교회의 우등생이 사회에서는 열등생이 되고 주일에는 천사 같은 사람이 평일에는 거의 마귀 수준으로 내려가곤 한다.

성경은 우리를 예배당뿐 아니라 삶의 현장에서, 주일뿐 아니라 주중의 모든 날에, 종교적인 일뿐 아니라 삶의 모든 영역에서 하나님을 기쁘게 하는 선한 일을 위해 우리를 구비시켜 준다.

우리가 할 일은 겸손히 이 말씀을 받으며 받은 말씀을 삶 속에 적용하는 것이다. 굳은 마음을 가지고 있으면 성경은 우리에게 아무런 도움이 되지 않고 변화도 일어나지 않는다. "미국 국제평지 연구협회"The International Flat Earth Research Society라는 거창한 이름의 단체가 있다. 이 단체는 1,600명의 회원을 가지고 있다. 그들은 지구가 둥근 것이 아니라 평평하다고 믿는다. 이 협회의 회장인 찰스 존슨은 이렇게 말한다.

"나는 초등학교에서 지구본을 처음 보았을 때 그것을 사실로 받아들이지 않았고 그것은 지금도 마찬가지이다."

설사 그것이 지금까지 내 생각과 맞지 않더라도, 때로 나를 아프게 하더라도 이 사람처럼 마음을 강퍅하게 하지 말고 말씀을 환영하며 맞아들여야 한다. 편견과 고정관념을 버리고 겸손한 마음과 열린 마음으로 말씀을 읽어야 한다. 그냥 피상적으로 지나치지 말고 말씀을 공부하며 깊이 그 의미를 묵상하여 자신을 성찰할 필요가 있다. 정당화하려 하지 말고 순종하려고 애쓰는 자세가 요구된다. 그래야 우리가 변화되고 구비될 수 있다.

세계적으로 유명한 CCM 가수인 마이클 스미스Michael W. Smith의 20주년 기념 콘서트 실황을 보면 그의 친구인 에이미 그랜트Amy Grant라는 여가수가 게스트로 나온다. 이제는 40대 후반이라 얼굴에 주름도 잡히고 미모도 예전 같지 않지만 세월의 질고를 겪은 그녀는 완벽한 미모와 젊음을 뽐내던 20대 때보다 훨씬 보기 좋고 아름다웠다. 더 여유가 있어 보이고 성숙미가 느껴졌다. 그녀는 초창기 자신의 히트곡인 "당신의 말씀"Thy Word이라는 곡을 부르기 전에 이렇게 말했다.

> 이 곡을 기억하는 것은 좋은 일입니다. 왜냐하면 우리 모두는 삶에서 가끔씩 길을 잃어버리기 때문입니다. 때때로 젊어서 길을 잃기도 하며 때로는 계속해서 길을 잃기도 합니다. 길을 잃기는 쉽습니다.

그러면서 그녀는 어머니를 여의고 길을 잃은 기분이라는 한 여인의 편지를 소개한 후 이렇게 말한다.

"저도 그런 느낌을 잘 압니다. 길을 잃은 느낌 말입니다."

그런 다음에 시편 119:105을 기초로 만든 그 유명한 "주의 말씀은 내 발에 등이요 내 길에 빛이라"는 곡을 불렀다.

살다 보면 길을 잃을 수도 있고 예상하지 못한 일을 당할 수도 있다. 실패할 수도 있고 어떻게 해야 할지 잘 모르는 상황에 처할 수도 있다. 그러나 어떤 경우이든 주의 말씀은 우리 발에 등이요, 우리 길에 빛이 되신다.

그렇다. 하나님의 말씀인 이 성경말씀은 최고의 인생지침서이다. 그것은 하나님의 권위로 우리를 이끄시며 유능한 의사처럼, 교사처럼 우리를 양육하시며, 모든 선한 일에 적합하도록 우리를 구비시키신다. 그러므로 이 말씀을 귀하게 여기도록 하자. 하나님께서 여호수아에게 권면하신 것처럼 이 성경말씀을 가까이 하고 주야로 묵상하며 그 가운데 기록된 대로 다 지켜 행하도록 하자. 우리의 길이 평탄하게 될 것이며 형통할 것이다.

복음으로 미국과 유럽을 흔든 전도자 D. L. 무디Dwight L. Moody의 성경에는 그 여백에 알파벳 T자와 P자가 잔뜩 쓰여 있었다고 한다. 누군가가 그것을 보고 무슨 뜻이냐고 물었다. 무디는 웃으면서 T는 tried, 즉 '시도해 보았다'의 약자이며 P는 proved, 즉 '증명되다'의 약자라고 대답했다. 무디처럼 한번 시도해 보자. 아는 말씀부터 한번 실천해 보자. 하나님께서 그 말씀의 가치를 증명해 보이시지 않겠는가.

_5장 최상의 인생지침서 : 성경

1. 당신이 읽었던 책 가운데 성경을 제외하고 당신의 인생에 가장 큰 영향을 미친 것은 무엇인가?

2. 저자는 "성경이 하나님의 권위를 가진 인생지침서라면 그것은 우리 삶과 사역의 최종적 권위요 기준이 되어야 한다."고 썼다. 당신의 경우 성경이 삶과 사역의 권위이자 기준임을 드러내었던 구체적인 사례가 있다면 나누어 보라.

3. 바울은 성경이 "교훈과 책망과 바르게 함과 의로 교육하기에 유익하다."고 말했다. 이 4가지 가운데서 당신에게 가장 필요한 것은 무엇이라고 생각하는가? 당신이 경험한 성경의 유익에 대해 구체적으로 말해 보라.

4. 성경은 우리가 더 나은 하나님의 사람이 되도록 구비시켜 주는 지침서이다. 당신이 성경읽기, 성경공부 참여, 성경암송 등 성경에 투자하는 시간과 노력에 대해 설명하라.

5. 말씀을 대할 때—개인적으로든, 공동체적으로든— 당신의 태도는 어떠한가? 정직하게 평가해 보라. 예수님의 비유눅 8:4-15에서 묘사된 4가지 마음 밭—길 가굳은 마음와 바위 위피상적 마음와 가시떨기나눠진 마음와 좋은 땅열린 마음—에서 지금 당신의 마음을 가장 잘 묘사하는 것은 무엇인가?

6. 무디처럼 말씀을 실제로 적용해 보았더니 증명된 경우가 있는가? 나누어 보라.

영적 생활의 필수품 : 믿음

뉴스에 의하면 현재 고등학생들 가운데 30% 정도는 휴대폰중독 증세를 보인다고 한다. 휴대폰이 없으면 허전하고 불안하며 뭔가 이상하다는 것이다. 어떤 학생은 문자를 하루 평균 100통씩 보내서 손가락 끝이 얼얼해지는 증후군에 걸렸다고 보도했다. 사람마다 소중히 여기며 그것에 깊이 밀착되어 그것이 없이는 못살겠다고 생각하는 것들이 있다. 어떤 사람에게는 그것이 텔레비전이나 컴퓨터 같은 전자 기기이고, 어떤 사람에게는 연인이나 배우자 같은 소중한 사람일 수 있다. 또 어떤 사람에게는 새로 산 자동차처럼 값비싼 재산이고, 어떤 사람에게는 술이나 커피 같은 기호식품일 수도 있다. 그러나 그런 것이 없으면 정말 살지 못할까? 꼭 그렇지는 않다.

생존에 반드시 필요한 것은 무엇일까? 많은 사람들이 물과 공기를 떠올릴 것이다. 그렇다. 물과 공기가 없으면 우리는 살아갈 수 없다. 그런데 그것 말고도 우리의 삶에 없어서는 안 되는 것이 있다. 그것은 바로 믿음이다. 믿음이 없으면 우리는 잠시도 제대로 살기 어렵다. 생각해 보라. 만약 회사 건물에 폭탄이 설치되어 있을지 모른다고 생각한다면 당신은 거기서 바로 뛰어나갈 것이다. 목회자에 대한 믿음이 없다면, 정상적인 교회생활과 예배생활이 불가능하다. 식당에서 누군가가 음식에 균을 집어넣었다고 의심한다면, 외식하기 어려울 것이다. "콘스피러시"Conspiracy라는 영화의 주인공처럼 세상이 자신을 해하려는 음모를 꾸민다고 생각한다면 냉장고에도 자물쇠를 채우고 살 수밖에 없지 않겠는가?

믿음이 없다면 그 누구도 이 세상을 살 수 없고, 세상 질서는 유지되지 않을 것이다. 우리는 면도사를 믿기 때문에 손에 칼을 들고 다가오는 낯선 그에게 얼굴을 맡기고 편안히 잠을 잔다. 아내를 믿기 때문에 그녀가 만들어 준 음식을 먹고 월급도 몽땅 맡긴다. 믿음이 없이는 물을 마실 수도, 다리를 건널 수도, 공공장소에 나갈 수도 없다. 믿음이 없이는 가정생활도, 사회생활도 하지 못한다. 믿음이 없다면 삶은 불가능하다.

영적인 삶도 마찬가지이다. 하나님에 대한 믿음이 없이는 영적인 삶을 살아갈 수 없다. 바울은 고린도교회에 보낸 두 번째 편지에서 "우리가 믿음으로 행하고 보는 것으로 행하지 아니함이로라."고후 5:7라고 말한다. 거기서 행한다는 표현은 산다는 것의 은유이다. 다시 말해 우리는 믿음에 의해 살아간다. 그리스도인에게 믿음은 성공적인 삶의 원리요 자원이다. 그것은 우리의 영혼을 견고하게 하며 하나님의 역사를 일어나게 하는 소중한 선물이다. 그러므로 믿음은 우리 그리스도인에게 너무도 소중한 천국 가치이다.

믿음이란 무엇인가? 많은 경우 사람들은 믿음이라는 말을 잘못 사용하고 있다. 그리스도인들도 예외가 아니다. 사람들은 믿음 그 자체에 무언가가 있는 듯이 생각하고 말한다. 뭐든지 믿으면 믿음의 힘 때문에 어떤 일이 일어날 것으로 생각한다. 그래서 마치 주문처럼 "믿습니다!"를 더욱 강하고 크게 외친다. 너무 톤이 강해서 "믿씁니다."로 발음될 정도다. 자기가 원하는 것을 굳게 믿으면 뭔가 이루어진다고 생각하는 사람들이 너무 많다.

딸을 가진 경건한 그리스도인 부부가 있었다. 그들은 아들을 간절히 원했고 기도했다. 부인이 임신을 했는데 그들은 태아가 아들일 것이라고 강하게 믿었다. 한 번 딸을 낳은 사람은 다음에 아들을 가질 것이라는 성경말씀이 있는 것도 아니고 하나님께서 특별히 무언가를 약속하거나 말씀해 주신 적도 없는데도 그들은 그렇게 믿었다. 아마 너무 아들을 바랐기 때문일 것이다. 그들은 자기들이 가진 믿음의 신실함을 증명하기 위해 여유가 없는 유학생이었음에도 집에 있던 딸아이의 옷과 여아용 아기용품을 다른 사람들에게 다 주었다. 그러나 안타깝게도 그들은 자신의 믿음과는 달리 또 딸을 낳았다. 물론 새로 난 딸 때문에 생각지 못한 인생의 기쁨을 경험하게 되었지만.

이런 경우 믿음은 자신의 희망 사항에 대한 기대일 따름이다. 너무도 많은 사람들이 잘못된 대상에 믿음을 둔다. 그리스도인이라고 해도 그렇다. 이런 경우 사람들은 자기 자신의 어떤 것을 믿거나 적극적인 사고방식을 믿거나 아니면 믿음 그 자체를 믿는다. 그러나 믿음 그 자체는 아무것도 아니다. 믿음만으로는 아무것도 일어나지 않는다.

성경에서 말하는 믿음이란 하나님에 대한 믿음이다. 더 정확히 말하면 그분의 성품과 말씀에 대한 믿음이다. 그런 믿음이 바른 믿음이며 가치 있는 믿음이다. 사도 바울은 그레데 섬에서 로마로 배를 타고 가던 중 풍랑을 만나 사람들이 절망하고 있을 때 죽지 않을 것이라는 하나님의 음성을 듣고 사도행전 27:25에서 "그러므로 여러분, 힘을 내십시오. 나는 하나님께서 나에게 말씀하신 그대로 되리라고 믿습니다."^{표준새번역}라고 말했다. 그것이 제대로 된 믿음이다.

그러므로 믿음은 전자 제품의 전기 코드와 같다. 코드는 그 전자 제품을 전력에 연결시켜 주는 수단일 따름이다. 코드를 사람 코에다 꽂아 보라. 냉장고가 차갑게 되며 세탁기가 돌겠는가? 그러나 코드를 전기 플러그에 꽂으면 강력한 일이 일어나게 된다. 하나님에 대한 믿음은 온 우주에서 가장 강력한 힘에다 우리를 연결시켜 준다.

그러나 이 믿음은 하나님의 말씀에 대한 단순한 지식이나 지적 동의만은 아니다. 우리는 하나님이 계심을 믿고 그분께서 말씀하신 것을 이루실 수 있다고 동의한다. 이를 분명히 확신한다고 고백한다. 그러나 그것만으로 부족하다. 야고보 사도는 자신의 서신에서 "하나님은 한 분이신 줄을 믿느냐 잘하는도다 귀신들도 믿고 떠느니라."약 2:19고 했다. 참된 믿음은 우리의 지적 동의와 확신에 그치지 않는다. 그 지식에 근거하여 하나님께 우리 자신을 의뢰하고 의탁하는 것으로 나타나야 한다. 예를 들어 어떤 의자가 있다고 하자. 당신은 그 의자를 조사해 보고 당신이 앉기에 충분하다고 믿는다. 그러나 당신이 그 의자에 곰을 의탁해서 앉기 전에는 믿는 것이 아니다. 그러므로 믿음이란 하나님의 말씀에 우리 자신을 의탁하고 맡기며 순종의 반응을 보이는 것을 의미한다.

프랑스 출신의 세계적 곡예사 블로딘이 나이아가라 폭포에서 했던 퍼포먼스는 믿음이 어떤 것인지를 잘 예시한다.[13] 그는 어릴 때부터 세상에 알려진 곡예의 신동이었다. 한번은 런던에서 51m 높이의 팽팽한 줄에 서서 바이올린을 켠 적도 있었고 다른 때는 줄 위에서 죽마를 타고 공중제비를 넘기도 했다. 가장 극적인 성취는 수면에서 48m의 지점에 330m 길이의 줄을 걸어 놓고 나이아가라 폭포를 건넌 일이었다. 그는 그 팽팽한 줄에 요리용 풍로風爐를 갖고 가서, 굉음을 울티며 떨어지는 폭포 위에서 오믈렛을 요리하는가 하면 천으로 눈을 가린 채 일륜차를 밀고 가기도 했다. 그는 아주 위험한 철사 줄 위에 물구나무서기를 하기도 했다. 그렇게 특별한 기술을 펼치며 사람들을 놀라게 하던 중 한 사람을 등에 업고 나이아가라 폭포를 건너왔다. 그 사람을 내려놓고 그는 대규모의 군중을 향해 몸을 돌렸다. 바로 앞에 앉은 남자에게 그는 물었다.

"당신도 내가 사람을 업고 다시 건너갈 수 있다고 믿으십니까?"

"물론이죠! 방금 당신이 그렇게 한 것을 제가 보지 않았습니까?"

그 남자가 대답했다.

"그러면 업히십시오. 당신을 업고 건너가게 해 드리죠."

"천만예요, 사양하겠습니다. 그렇게는 안 할 겁니다."

그 남자는 손사래를 치며 뒤로 물러앉았다고 한다. 그는 머리로는 동의했지만 자신을 그 위대한 곡예사에게 의탁하지 않음으로써 그를 온전히 믿지 않음을 드러냈다. 기억하라. 믿음이란 지식이나 느낌이 아니다. 믿음은 하나님을 완전히 신뢰하고 '그분의 등'에 업히는 것이다.

조상에게 한 수 배우다

자신의 삶을 통해서 그렇게 하나님을 신뢰하고 그분의 등에 업혔던 대표적인 인물이 바로 아브라함이다. 그는 우리에게 믿음의 조상으로 알려져 있지만 원래는 메소포타미아의 우르라는 도시에서 우상을 섬기던 이교도였다. 그가 어떻게 하나님을 믿는 사람이 되었는지 우리는 정확히 모른다. 그러나 한 가지 아는 것은 어느 날 하나님께서 아브라함에게 나타나서 고향 땅을 떠나라고 하셨다는 사실이다.

"너는 너의 고향과 친척과 아버지의 집을 떠나 내가 네게 보여 줄 땅으로 가라." 창 12:1

이 명령이 얼마나 황당하고 청천벽력 같은 명령이었는지 짐작하겠는가? 아브라함은 그곳에서 수십 년을 살았다. 결혼도 그곳에서 했다. 그곳은 자신의 안정된 산업과 친한 친구들과 정겨운 가족 친지들이 있는 땅이었다. 몸에 베인 관습과 문화가 있는 곳이었다. 즉 그곳은 자신의 정체성과 긴밀히 연결되어 있었고 그곳을 떠나서 산다는 생각은 한 번도 해 본 적이 없었다. 게다가 하나님께서는 어디로 가라는 구체적인 목적지도 알려 주지 않으셨다. 그냥 짐 챙겨서 나오라는 말씀이었다. 요즘처럼 길이 잘 닦인 것도 아니고 제대로 된 교통수단이 있지도 않았다. 인터넷으로 외지에 대한 정보를 확인할 수도 없었다. 무엇이 자기를 기다리고 있을지 감을 잡을 수 없었다. 여행 중에 강도를 만나거나 재해로 죽을 수도 있었다. 그런데 하나님은 무조건 떠나라고 하신다. 도대체 이해가 안 되는 명령이었다.

하나님의 이 황당한 요구에 대해 아브라함은 상당한 고민을 하지 않았을까? 그러나 결국 그는 순종했다. 그는 이해가 되지 않았지만 히브리서 11:8의 표현처럼 말씀에 순종하여 "갈 바를 알지 못하고 나아갔다." 어떻게 그렇게 할 수 있었을까? 히브리서 기자는 그 해답을 아브라함의 믿음에서 찾았다. 아브라함은 하나님의 약속을 믿었다. 그랬기 때문에 그는 이 날벼락 같은 명령에 순종할 수 있었던 것이다. 창세기 12:2에 보면 하나님께서는 떠나라는 명령을 하신 후에 세 가지 약속을 주셨다. "내가 너로 큰 민족을 이루고 네게 복을 주어 네 이름을 창대하게 하리니 너는 복이 될지라." 아브라함은 이 약속의 말씀을 믿었다. 하나님께서 이 말씀을 지키실 것이라는 믿음이 있었던 것이다. 그 믿음이 이런 파격적인 순종을 하게 만들었다. 믿음은 절대 단순한 지식에 그치지 않는다. 그것은 반드시 순종으로 이어진다.

아브라함은 실패를 겪기도 했다. 믿음의 조상이라는 칭호를 받았지만 그는 결코 완전하지 않았다. 가나안에 흉년이 들자, 이집트에 내려가서 아내 사라를 노리는 바로의 권세에 눌려 아내를 누이라고 거짓말한 후 사라를 바로의 품에 넘기고 목숨을 부지하는 치사한 행태를 보인다. 또 그랄 땅에서도 아비멜렉 왕에게 같은 거짓말을 하다가 들통이 나서 이방 왕에게 책망을 받아 스타일을 구기기도 한다. 뿐만 아니라 약속의 아들을 기다리는 데 지쳐 당시 문화적 관행에 따라 여종과 동침하여, 앞으로 두고두고 약속의 자손과 갈등하는 족속의 조상인 이스마엘을 낳기도 한다. 그렇지만 아브라함의 불완전함은 우리에게 위로가 된다. 믿음으로 산다는 것은 분명 완벽함이나 무흠함을 의미하지는 않는다. 어쩌다 실패하기도 하지만 그것 때문에 좌절하거나 주저앉을 필요는 없다. 우리는 또 일어나서 믿음으로 전진하면 된다. 아브라함에게 그러신 것처럼 하나님은 몇 번의 실패에 시선을 고정하시기보다 전체를 보시고 우리의 삶을 평가하신다. 하나님은 얼마나 은혜로우신가?

아브라함의 생애 가운데서 그의 믿음이 가장 극명하게 드러난 사건은 무엇보다도 이삭을 하나님께 바치는 그의 헌신에서였다. 이삭은 아브라함의 나이 100세에 얻은 아들이었다. 하나님으로부터 약속을 받고 25년이라는 긴 세월을 기다린 끝에 얻은 약속의 자녀였다. 이삭이 그에게 얼마나 귀했겠는가? 눈에 넣어도 아프지 않았으리라. 나도 40세에 얻은 막

내 딸이 그렇게 귀하고 이쁜데, 아브라함에게 이삭은 얼마나 더 했겠는가? 아브라함은 이삭이 성장하는 모습을 보는 낙으로 하루하루를 살았을 것이다.

그러던 어느 날 하나님은 아브라함의 삶에 폭탄을 터뜨리신다. 이삭을 제물로 바치라는 말을 듣는 순간 아브라함은 다리의 힘이 다 풀려 땅바닥에 털썩 주저앉았을지도 모른다. 하나님이 얼마나 낯설고 끔찍하게 여겨졌을까? 얼마나 원망스러웠을까? 그럼에도 불구하고 그는 하나님을 신뢰하기로 결정한다. 지난 40년간 하나님께 받은 믿음의 훈련으로 만만찮은 내공이 쌓인 탓이리라.

곧 번제로 바칠 아들과 사흘 길의 가슴이 찢어지는 여행 후에 아브라함은 하나님께서 지시하셨던 모리아 산에 도착한다. 아브라함은 제단을 쌓고 제단 위에 장작을 벌려 놓은 후 이삭을 묶어서 제단 장작 위에 올려놓았다. 손에 칼을 들고서 아들을 잡으려고 할 때 그 행위가 얼마나 단호하든지 주님이 급히 그의 이름을 불러 중단시켜야 할 정도였다. 어떻게 이런 극단적인 헌신을 할 수 있었을까? 히브리서 기자에 의하면 아브라함은 "이삭에게서 네 자손이 태어날 것"이라는 하나님의 약속을 굳게 믿고 이삭이 죽더라도 하나님이 그를 다시 살리실 수 있다고 생각했다. ^히 ^{11:17-19} 결국 믿음이 이런 기념비적 헌신을 가능하게 했고 하나님이 공급하시는 은혜를 경험하게 했으며 결과적으로 하나님의 궁극적 테스트를 아주 멋지게 통과하도록 했던 것이다. 겁도 많고 실수도 적지 않은 전직 우상 숭배자를 영웅으로 바꾼 것은 다름 아닌 그의 믿음이었다.

아브라함의 이야기는 성경적인 믿음이 어떤 것인가를 보여 주는 동시에 그 믿음의 유익도 잘 보여 준다. 믿음으로 사는 것은 결코 쉬운 삶이 아니지만 그만한 가치가 있음을 그의 삶에서 발견하게 된다. 믿음이 아니었으면 메소포타미아에 살았던 한 노인이 어떻게 전 세계적인 축복의 통로가 되며 하나님의 인정을 받는 그분의 벗이 되었겠는가? 자, 이제 보다 구체적으로 믿음의 유익에 대해 알아보도록 하자. 믿음이 우리에게 가져다주는 유익은 무엇일까?

믿음은 먼저 하나님을 기쁘게 해 드리는 삶을 가능하게 한다. 히브리서 11:6은 이렇게 단언한다. "믿음이 없이는 하나님을 기쁘게 해 드릴 수 없습니다. 하나님께 나아가는 사람은, 하나님이 계시다는 것과, 하나님은 자기를 찾는 사람들에게 상을 주시는 분이시라는 것을 믿어야 합니다."^{표준새번역} 이 구절은 에녹이 믿음으로 하나님과 동행하다가 죽음을 경험하지 않고 하늘로 들림 받은 것을 말하면서 믿음으로 산 에녹의 삶에 대한 일종의 주석으로 서술된 것이다. 믿음으로 하나님과 동행한 에녹의 삶이 얼마나 하나님을 기쁘시게 했기에 죽음을 통과하지도 않고 하늘로 갔겠는가? 6절 앞부분을 정확하게 번역하면 "믿음이 없이 하나님을 기쁘시게 하는 것은 불가능하다."가 된다. 뒤집어서 말하면 하나님을 기쁘시게 하려면 반드시 믿음으로 살아야 한다. 하나님은 우리가 그분을 신뢰할 때 무엇보다 기뻐하신다. 사실 우리도 누군가가 자신을 믿어 줄 때 기쁨을 느낀다. 아내가 믿고 따라 주면 그것만큼 마음이 뿌듯할 때가 없다. 마찬가지로 우리가 어린아이 같은 순수함으로 하나님을 신뢰하는 것만큼 그분을 기쁘게 해 드리는 것은 없다. 때로 이해가 안 되고 의심이 될 때도 있지만, 하나님의 선하심을 한번 우직하게 믿어 보라. 인간적인 혈기나 방법으로 어떤 일을 하고 싶은 유혹을 받을 때도 있지만, 하나님께 맡기고 그분의 능력을 신뢰하며 그분이 해 주실 것을 기도하라. 아브라함처럼 기다리다 지칠 수도 있지만, 포기하지 말고 계속 신뢰하라. 그것이 하나님을 기쁘시게 한다.

또한 믿음은 영적 현실에 대한 분명한 확신을 심어 준다. 히브리서 11:1은 "믿음은 바라는 것들의 실상이요 보이지 않는 것들의 증거"라고 말한다. 믿음으로 사는 사람은 눈에 보이지 않는 것을 본다. 우리가 바라는 것들, 이를테면 주의 재림과 부활, 천국에서의 삶과 같은 미래의 소망이 그에게는 너무도 분명해서 마치 현재처럼 느껴진다.

언젠가 오랫동안 타 종교를 믿다가 예수님을 믿게 된 친척이 우리 집을 방문했다. 그분은 성령 충만하여 "예수님을 믿고 보니 천국이 마치 내 집에 가는 것처럼 분명하다. 너도 그렇지 않냐?"라며 동의를 구했다. 이러한 확신은 세상을 보다 당당하게 살고 삶의 여러 고난과 어려움을 극복하도록 도와준다. 히브리서 기자는 아브라함의 삶에 대해 말하면서 그가 믿음으로 "약속하신 땅에서 타국에 몸 붙여 사는 나그네처럼 거류하였으며…이삭과 야곱과 함께 장막에서" 살았다고 히 11:9 증언했다. 믿음으로 나그네의 불편함과 어려움을 극복하며 살았다는 말이다.

뿐만 아니라 믿음의 사람은 보이지 않는 것들을 보는 유익을 누린다. 다시 말해 눈에 보이지 않는 하나님 나라와 영적 현실의 비전을 분명히 보게 된다는 말이다. 『갈대상자』라는 책은 한동대학교 김영길 총장의 부인인 김영애 사모가 쓴 책으로 지금까지 한동대학교가 하나님의 섭리 가운데 어떻게 오게 되었는지를 감동적으로 기록한 책이다.[17] 설립 당시부터 그 학교는 세상의 기준으로 보면 미래가 없는 학교였다. 수도권 위주의 한국 사회에서 포항이라는 지방에 명문사립대를 만든다는 생각도 엉뚱했지만 개교 직전 법인 모체기업이 불의의 사고를 당해 앞날은 완전히 불투명했다. 그러나 김영길 총장을 비롯한 하나님의 사람들이 믿음의 눈으로 보이지 않는 길을 보았고 그 길에 자신의 삶을 던진 것이다. 현재 이 학교는 대기업 인사담당자들이 가장 함께 일하고 싶어 하는 대학이고 취업률이 가장 높고 국내외 유수대학원으로의 진학률이 높은 명문대학교가 되었다. 믿음은 보이지 않는 영적 현실을 보게 만든다. 그래서 믿음의 사람은 비전의 사람이 되고 개척자가 되며 하나님의 산 역사를 체험하게 되는 것이다.

믿음은 또한 하나님의 능력을 경험하게 한다. 믿음의 위력에 대해 예수님은 이렇게 말씀하셨다. "만일 너희에게 믿음이 겨자씨 한 알만큼만 있어도 이 산을 명하여 여기서 저기로 옮겨지라 하면 옮겨질 것이요 또 너희가 못할 것이 없으리라." 굉장하지 않은가? 산을 옮기는 대단한 위력이 겨자씨만큼의 작은 믿음에서 나온다고 했다. 오늘날 우리는 무능력과 무기력함 때문에 자괴감을 느끼고 세상으로부터 조롱받는다. 그리스도인이 무능한 것은 하나님께 능력이 없어서가 아니라 그분에 대한 우리의 믿음이 없어서이다.

한번은 예수님이 산에 올라가셔서 안 계실 때, 귀신 들린 아이의 아버지가 아이를 데리고 제자들을 찾아왔다. 제자들은 기도, 고함, 안찰과 같은 갖가지 방법을 동원해서 귀신을 쫓아내려 애썼지만, 아무런 일도 일어나지 않았다. 예수님이 오시고 제자들에게 하신 첫마디는 "믿음이 없는 세대여"라는 말씀이었다. 이는 믿음 없음에 대한 준엄한 책망이었다. 또한 "하실 수 있거든" 도와달라는 아버지를 향해 "믿는 자에게는 능히 하지 못할 일이 없느니라."^{막 9:23}고 선포하기도 하셨다.

히브리서 기자도 경수가 끊어진 90세의 사라가 아기를 낳을 수 있었던 것은 그녀의 믿음이었다고 말한다. 사라는 처음에 내년 이맘때에 아들이 있을 것이라는 하나님의 약속을 웃음으로 받아넘겼지만, 하나님의 책망을 듣고 정신을 차려 그 말씀을 믿었다. 그 믿음이 "죽은 사람이나 다름없는 한 사람에게서, 하늘의 별과 같이 많고 바닷가의 모래와 같이 셀 수 없는, 많은 자손이 태어나게"^{히 11:11-12} 되는 기적의 씨앗이 되었던 것이다. 미국 뉴욕의 브루클린에서 사도행전적 교회를 목회하는 짐 심발라^{Jim Cymbala} 목사는 하나님의 말씀과 자신의 경험을 바탕으로 "하나님의 능력의 창고를 여는 열쇠는 믿음이다."라고 단호하게 말했다.[18] 많은 경우 우리는 하나님의 능력에 대해 듣지만 직접 경험하지는 못한다. 그 이유가 무엇이라고 생각하는가? 솔직해지자. 하나님과 그분의 말씀을 온전히 신뢰하지 못해서가 아닌가?

지금은 나보다 힘이 더 세지만, 아들 하늘이가 여섯 살쯤 되었을 때는 음료수 뚜껑을 열려고 애쓰다가 내게 자주 가져오곤 했다. 나는 일부러 과장된 동작으로 병을 열어 주었다. 아이는 경이로운 표정으로 나를 올려다보며 "대단한데!"라고 감탄했고 나는 짐짓 여유를 부리며 "별거 아니야."라고 대답해 주었다. 만약 아이가 내 능력을 믿지 않고 자기 힘으로 해 보려고 갖은 애를 썼다면, 병뚜껑을 못 여는 것은 물론이고, 가볍게 뚜껑을 여는 아버지의 능력을 경험하지 못했을 것이다. 믿음은 전기 코드와 같다는 말을 기억하는가? 능력의 소스이신 하나님께 연결되면 그분의 힘이 우리를 통해 흘러나올 것이다.

믿음 키우기

어떻게 믿음을 성장시킬 수 있을까? 어떻게 보는 것이 아닌 믿음으로 살 수 있을까? 어떻게 아브라함처럼 하나님 한 분만을 믿고 과감히 안전지대를 떠나고, 가장 소중한 것을 드릴 수 있을까? 어떻게 모세처럼 보이지 않는 하나님을 보는 것처럼 바라보며 어려움을 꿋꿋이 참을 수 있을까? 우리 모두의 고민이고 기도제목일 것이다. 여기에 몇 가지 방안을 제시한다.

먼저, 하나님의 말씀에 귀를 기울여라. 바울은 로마서 10:17에서 "그러므로 믿음은 들음에서 나며 들음은 그리스도의 말씀으로 말미암았느니라.”고 말한다. 이 말씀은 복음전도의 상황에서 기록되었지만, 일반적인 그리스도인의 삶에도 동일하게 적용된다. 하나님의 말씀은 “맹렬하게 타는 불”과 같고, “바위를 부수는 망치”렘 23:29. 표준새번역와 같다. 이사야 선지자에 의하면, 그분의 말씀은 “헛되이 되돌아오지 아니하고”, “기뻐하는 뜻을 이룬다.”사 55:11 사실 어떤 메시지에 귀를 연다는 것은 예삿일이 아니다. 그것은 파워풀한 결과를 가져올 수 있다.

북한 사람들이 김정일을 보면 왜 그렇게 펄쩍 뛰고 손을 흔들며 심지어 울기까지 하는가? 겉으로 볼 때, 외적인 어떤 매력이나 카리스마가 있어서도 아니고, 그가 연설을 잘해서도 아니다. 그럼에도 열광하는 것은 그들이 어릴 때부터 ‘친애하는 지도자 동지’가 위대하다고 들었기 때문이다. 우리는 기업들이 광고비에 큰 비용을 지출한다는 것을 알고 있다. 손익계산에 능한 그들이 왜 그렇게 할까? 광고를 접한 사람들이 그 메시지를 사실로 받아들이고 제품을 사기 때문이다. 이 세상의 말이 사람들의 마음속에 그런 믿음을 만든다면 살아 있고, 능력 있는 하나님의 말씀은 얼마나 더 그러하겠는가? 종교개혁자 마틴 루터는 이렇게 말했다. “믿음은 성취하는 것이 아니라 선물이다. 말씀을 듣고 공부하는 것을 통해서만 온다.”

둘째, 믿음을 더해 달라고 기도하라. 이미 언급한 마가복음 9장의 이야기에서 귀신 들린 아이의 아버지는 예수님의 자비를 구하며 도움을 간청했다. 주께서는 “할 수 있거든이 무슨 말이냐 믿는 자에게는 능히 하지 못할 일이 없느니라.”23절고 말씀하셨다. 그러자 아버지는 절규하며 외친다. "내가 믿나이다 나의 믿음 없는 것을 도와주소서."24절 나는 이 아버지의 말이 너무 마음에 든다. 그는 주님을 믿었다. 그렇지만 그는 자신의 믿음에 거룩한 불만을 갖고서 더 크고 강한 믿음을 구했다. 우리는 이 아버지처럼 더 크고 강한 믿음을 위해 기도할 필요가 있다. 야고보는 "너희가 얻지 못함은 구하지 아니하기 때문이요."약 4:2라고 분명히 말씀한다. 믿음을 더해 달라고 구한 적이 있는가? 눈에 보이는 것이 아니라 하나님 말씀을 믿으며 살게 해 달라고 간구해 보았는가? 믿음이 하나님을 기쁘시게 하며 그분의 능력을 경험하게 하는 것이라면 우리는 무엇보다도 믿음의 증가를 위해 기도해야 한다. 아파트를 위해 기도하기 전에, 좋은 차와 더 나은 직장을 위해 기도하기 전에 더 큰 믿음을 위해서 기도해 보자.

셋째, 믿음의 공동체에 속하라. 히브리서 10:23-24에 보면 이런 말씀이 나온다. "또 우리에게 약속하신 분은 신실하시니, 우리는 흔들리지 말고, 우리가 고백하는 그 소망을 굳게 지킵시다. 그리고 서로 마음을 써서 사랑과 선한 일을 하도록 격려합시다."표준새번역 우리에게는 이런 공동체가 필요하다. 같은 믿음을 가진 지체들이 서로 돌아보며, 흔들리지 않기를 다짐하면서 믿음의 삶을 살도록 격려해 주는 공동체가 필요하다. 누구도 혼자서 믿음의 삶을 살기는 어렵다. 고등학교 시절, 체력장에서 1,000m 달리기 테스트가 있었다. 나는 단거리는 잘 뛰었지만 지구력이 약해서 1,000m 달리기에는 자신이 없었다. 키가 제일 컸던 우리 조는 전원 만점을 맞기로 약속하고 출발부터 두 열로 정렬하여 달렸다. 맨 앞과 맨 뒤에 제일 잘하는 아이들이 섰다. 나는 중간 자리였다. 그런데 마지막한 바퀴를 남겨 놓고 한 아이가 뒤로 처지기 시작했다. 그 아이는 바로 나였다. 힘이 빠진 나에게 맨 뒤의 친구가 오더니 뒤에서 나를 격려하여 거의 끌고 가다시피 했다. 나는 맨 나중에 들어왔지만, 만점을 받았다. 살다 보면, 때로는 힘이 빠질 수도 있다. 또 믿음의 삶을 포기하고 싶은 유혹을 받을 수도 있다. 그때 서로 붙들어 주고 힘을 불어넣어 주어야 한다. 그런 면에서 무교회주의는 위험한 사상이다. 공동체 속에서 서로 중보하고 격려하고 사랑을 베풀면서 말씀을 나눌 때, 우리의 믿음은 자극을 받고 성장할 수 있는 것이다.

넷째, 하나님의 말씀에 순종하여 행하라. 야고보는 행하지 않는 믿음을 일컬어 "죽은 믿음"약 2:17이라고 했다. 아브라함이 믿음의 조상이 된 것은 말씀에 하나하나씩 순종했기 때문이다. 믿음은 단지 이론이나 지식이 아니다. 믿음은 행동하는 것이며, 삶을 살아 내는 것이다.

예전에 누군가가 나에게 테니스 교본과 비디오테이프를 선물로 준 적이 있었다. 테니스를 잘 치고 싶어서 열심히 책과 비디오를 보았지만, 아무리 교본을 보고 연구하고 모든 이론을 다 외운다 할지라도 실제로 라켓을 들고 공을 쳐보지 않는 이상, 테니스 실력은 결코 향상되지 않을 것이다. 믿음도 마찬가지이다. 하나님 말씀을 신뢰하면서 지금 당장 내 앞에 있는 작은 것부터 행해 보라. 내키지 않지간, 불친절한 배우자나 직장 동료, 친구에게 친절하게 대해 보라. 불이익을 당할 가능성이 있더라도 정직하게 행동하라. 재정적인 여유가 없더라도 하나님께 드려 보라. 바쁘더라도 시간을 내어 기도해 보라. 성령의 음성에 순종하여 이웃에게 복음을 전해 보라. 사역에 소명을 받았다면, 겁이 나더라도 응답해 보라. 물론 실패할 수도 있고 시행착오가 있을 수도 있다. 그러나 서툴더라도 행동하는 것이 가만히 있는 것보다 훨씬 낫다.

그때 하나님의 역사하심을 볼 것이고 그런 과정 속에서 당신의 믿음이 자라날 것이다. 물론 이것은 결코 쉽지 않다. 신영복 교수의 표현처럼 가슴에서 발까지의 여행은 머리부터 가슴까지의 여행과 더불어 인생의 가장 먼 여행일지 모른다.[19] 그러므로 주의 은혜를 구하는 가운데 결단하며 피차 실천을 격려해야 한다. 가슴에 머물러 있는 생각과 신념을 우리의 손과 발로 실천할 때 믿음은 자라난다.

푸른 믿음

내가 짐 심발라 목사를 처음 접한 것은 『푸른 믿음』*Fresh Faith*이라는 책을 통해서였다. 그는 뉴욕 브루클린 태버내클교회의 담임목사로서 신학교를 나오지 않았고 목회 경험도 없는 20대 초반에 거의 죽어 가는 교회를 맡았다. 뉴욕의 브루클린은 가난하고 범죄가 많은 지역이다. 목회하기가 결코 쉽지 않은 그곳에서 오직 하나님에 대한 믿음만으로 사역을 했을 때, 그 가운데 경험한 놀라운 역사가 책에 소개되어 있다. 마약중독자가 예수님을 만나 복음가수가 되고, 상처받고 버림받아 삶을 포기한 사람들이 회복되면서 많은 사람들의 삶이 극적으로 변했다. 태버내클교회는 현재 약 만여 명의 사람들이 예배하는 공동체로 성장했다.

심발라 목사는 책에서 주일예배 때 일어났던 한 에피소드를 소개했다.[20] 찬양대가 찬양을 하는 중에 갑자기 '강단으로 나가서 복음을 선포하라. 하나님의 사랑을 전하라.'는 내적 음성이 느껴졌다. 그는 주저했다. 찬양대 순서에 이어 헌금 순서도 있었고 설교도 해야 했다. 그 다음이 초청시간이었다. 그런데도 그 충동이 너무 강렬하여, 집회에 방해가 될지도 모른다는 생각이 들었지만, 믿음으로 순종하여 앞으로 나갔다. 사실 한 예배에 수천 명이 모이는 대형교회에서 이런 일을 하기란 쉬운 일이 아니다. 성가대 지휘자인 아내가 놀라서 눈을 동그랗게 뜨고 쳐다보았다. 심발라 목사는 독창하던 형제의 마이크를 붙잡고 그에게 간증을 부탁했다. 그는 마약중독자였다가 예수님을 믿고 구원받은 사람이었다. 그의 간증이 끝나자 심발라 목사는 복음을 간단히 전하고 초청했다. 십여 명이 강단으로 나왔다. 그들은 성령에 감동되어 울고 있었다. 깊고 진실한 회개가 일어났고 놀라운 영적 추수가 있었다. 그 다음 주 어떤 남자가 교회로 전화를 했다. 그는 자기 가족이 지난주에 뉴욕에 갔다고 했다. 19살 된 아들을 믿음으로 양육했지만, 아들이 계속 방황하면서 하나님과 담을 쌓고 지냈다. 함께 쉬면서 시간을 보내자고 아들을 설득하여 뉴욕에 데리고 왔지만, 사실은 태버내클교회에서 하나님이 아들을 변화시켜 주시기를 바라고 있었다. 그들은 토요일 하루 종일 뉴욕 시내를 관광하고 주일에 교회에 가려고 택시를 탔다. 그러나 불행하게도 예약한 비행시간과 예배시간이 맞지 않아서 예배 도중에 공항으로 가야 하는 상황이 되었다. 그러면 아들은 설교를 듣지 못할 참이었다. 그런데 예배시간이 얼마 지나지 않아서 간증과 함께 복음이 전해졌던 것이다. 아들은 일어서서 강단 앞으로 나갔고 주님 앞에 깨어져 용서를 빌었다. 그 후 아들은 완전히 다른 사람으로 변화되었다. 하나님의 음성에 순종하여 기꺼이 예배순서를 변경한 믿음의 행위가 이런 하나님의 역사를 가능하게 한 것이다.

이런 놀라운 삶을 살고 싶지 않은가? 나는 그렇게 하고 싶다. 믿음은 이런 삶을 가능하게 한다. 현대 교회와 그리스도인이 소중히 여겨야 할 것은 새로운 프로그램이나 세미나가 아니다. 바로 하나님의 선하심, 능력과 그 말씀을 우직하게 신뢰하는 믿음이다. 하나님의 능력을 생생하게 믿는 푸른 믿음이다. 그런 믿음을 달라고 기도하자. 그리고 믿음으로 행하도록 결단하자.

진주 나눔터

_6장 영적 생활의 필수품 : 믿음

1. 하나님을 제외하고 사람들 가운데서 당신이 가장 믿
   는 대상은 누구인가? 왜 그를 믿는가?

2. 저자는 믿음이란 희망 사항이나 지적 동의가 아니라
   "하나님의 말씀에 우리 자신을 의탁하고 맡기며 순종
   의 반응을 보이는 것을 의미한다."라고 정의한다. 이
   정의에 의거해 당신의 믿음을 평가한다면 몇 점이나
   줄 수 있겠는가? 그 점수의 근거를 구체적으로 제시하
   자면?

3. 믿음의 조상인 아브라함의 생애 가운데서 당신에게
   가장 와 닿거나 감동이 되는 이야기는 무엇인가?

4. 저자가 열거한 믿음의 유익 외에 당신이 생각할 수 있
   는 유익이 있는가? 믿음의 삶을 통해 당신이 경험한
   축복이 있으면 나누어 보라.

5. 믿음을 성장시키기 위해 저자가 제시한 방안들 가운
   데 당신에게 가장 필요한 것은 무엇인가? 이를 구체적
   으로 당신에게 적용해서 말해 보라.

6. 저자가 든 『푸른 믿음』의 에피소드는 당신에게 믿음
   에 대해 어떤 것을 가르쳐주는가?

7장

지상에서 영원까지 : 경건

내가 고등학교 다닐 무렵에는 비디오플레이어가 있는 집이 그리 많지 않았다. 지금은 DVD나 스마트 TV, 케이블 방송 등의 출현으로 상황이 다르지만, 당시 비디오는 부의 상징이었다. 국내의 유수기업들이 이제는 비디오플레이어 생산을 중단한 지도 이미 오래전이다. 비디오플레이어는 역사 속으로 사라지고 있다. 아마 머지않아 우리 아이들이 그게 뭐냐고 질문할 날이 올 것이다.

참으로 가치 있는 것은 시대의 테스트를 견딘다. 잠깐 반짝하다 사라지는 소위 트렌디한 것들은 사실 그리 가치 있는 것이 아니다. 유학 생활을 마치고 한국에 돌아왔을 때, 젊은 음악 팬들이 'HOT'라는 아이돌 그룹에 열광하고 있었다. 그러나 곧 그룹이 해체되었고 이제 그들의 노래는 들을 수도 없게 되었다. 불과 10년 정도의 세월에 추억 속에 묻힌 것이다. 반면에 독일이 낳은 위대한 음악가 요한 세바스찬 바흐 Johann Sebastian Bach

를 보라. 그는 지금으로부터 약 300년 전의 사람이다. 그럼에도 불구하고 그의 음악은 여러 훌륭한 연주자들에 의해 연주되고 있으며 여전히 전 세계 수많은 사람들의 사랑을 받고 있다. 음악만이 그렇겠는가? 문학에도, 미술에도 고전classic이 있다. 얼마 전에 대화를 나눈 어떤 출판 관계자는 갑자기 확 뜨는, 소위 '대박' 나는 베스트셀러보다는 스테디셀러가 훨씬 바람직하다고 말했다.

우리의 인생이 가치 있는 인생이 되려면 우리는 시대의 테스트를 견디는 것에 관심을 기울여야 할 것이다. 물론 한 시대를 사는 사람으로서 시세를 알고 그 시대의 경향성과 이슈, 문화를 이해할 필요가 있다. 그리고 그 시대가 주는 선물을 누리고 시대가 요구하는 사명을 감당해야 한다. 그러나 자신의 시대를 더 잘 이해하고 섬기기 위해서라도 우리는 시대의 경계를 뛰어넘을 수 있어야 한다. 시대와 지역의 벽을 넘어 광범위하게 인정을 받는 가치들을 추구해야 하는 것이다.

성경은 우리에게 그런 가치를 소개해 준다. 특별히 이 장에서는 우리가 살고 있는 지상세계뿐 아니라 영원세계까지 그 가치를 발휘하는 소중한 것에 대해 말하려 한다. 이것은 몇 백 년 또는 몇 천 년이 아니라 영원토록 가치 있는 것이다. 많은 사람들은 그 가치를 알지 못하고 있지만 성경은 그것이 이생과 내생에 이르기까지 범사에 유익하며 너무도 소중하다고 말한다. 그것이 무엇인지 아는가? 바로 경건godliness이다.

정확히 경건이란 무엇인가? 경건하다는 말을 들었을 때 머릿속에 어떤 그림이 제일 먼저 떠오르는가?

- 스테인드글라스로 치장된 고딕풍의 성당 안에 검은 가운을 걸치고 서 있는 사제의 모습?
- 나무로 만든 큰 십자가 목걸이를 걸고 '아멘, 할렐루야'를 입에 달고 다니는 선교단체의 간사?
- 언제나 커다란 성경책을 옆구리에 끼고 다니면서 "동방신기가 무협 소설 제목인가요?"라고 묻는 교회 집사님?

경건을 정의하라고 한다면 어떻게 하겠는가? 많은 사람들이 경건이라는 단어를 사용하지만 경건이 무엇인지 정확하게 알지 못한다.

경건은 헬라어로 '유세베이아'eusebeia이다. 원래 '거리를 두다' 또는 '뒤로 물러나다'라는 뜻으로서 종교적으로 고대 신전에서 헬라 신들에게 예배하는 것과 관련해서 쓰인 말이었다.[21] 예배자가 그 신들에 대해 바른 태도를 갖고 있으면 그들은 뒤로 물러나거나 거리를 유지했던 것이다. 신약이 기록되었을 즈음 이 단어는 '신들에 대한 바른 태도'를 의미하게 되었다. 그러므로 경건은 '하나님에 대한 바른 태도'라고 이해하면 된다.

경건이 하나님에 대한 바른 태도라면 경건한 삶은 하나님에 대한 바른 태도를 가지고 사는 삶이다. 그것은 하나님을 하나님으로 대하는 삶이다. 많은 그리스도인들이 교회에 와서 거룩한 목소리로 기도하고 찬송을 부르고 설교를 듣지만 하나님을 하나님으로 대하지 않는다. 하나님의 다스림을 받으려 하지 않고 그분을 중요하게 생각하지 않으면서 필요할 때만 하나님을 찾는다. 하나님을 심부름꾼이나 내 인생을 뒤치다꺼리해 주는 존재쯤으로 생각한다. 일이 자기 뜻대로 안 되면 하나님께 불평도 서슴지 않는다.

"하나님, 요즘 뭐하시는 겁니까? 이러면 곤란합니다. 자꾸 이러시면 저, 교회 안 나갈 수도 있어요!"

우드데일교회의 목사이며 유능한 저술가인 리스 앤더슨^{Leith Anderson}은 경건한 삶을 3가지로 묘사했다.[22] 그에 의하면 경건한 삶이란, 먼저 하나님께 중심을 두는 삶이다. 내가 아닌 하나님이 내 인생의 중심에 있다. 직장, 건강, 이성 교제나 결혼, 휴가, 재정, 심지어는 생각조차도 삶의 모든 조각들이 하나님과 관련하여 배열되어 있다. 마치 종이 위에 쇳조각을 놓고 그 밑에 자석을 대면 모든 쇳조각이 즉시 자석 쪽으로 모여 정렬이 되듯이 하나님은 우리 삶의 자석과 같다. 경건한 사람은 직장, 건강, 관계 등 모든 것을 내 중심이 아닌 하나님 중심으로 생각하고 선택한다.

앤더슨은 두 번째로 경건한 삶을 묘사하면서 그것은 하나님께 온전히 드려진 삶이라고 했다. 경건한 자는 돈과 시간과 인간관계와 꿈, 심지어는 생명까지도 즐거이 하나님께 드리려 한다. 하나님이 얼마나 소중한지 알기 때문에 희생과 고통을 감수하더라도 그렇게 하는 것이다. 나에게는 음악을 하는 사촌 매제가 있다. 언젠가 신들린 표정으로 기타를 연주하고 나서, "형님, 음악이 없으면 어떻게 살까요?"라고 말했다. 그는 음악의 가치를 알기 때문에 음악에 모든 것을 투자한다. 비싼 악기와 음향 기기를 사고 개인 스튜디오를 만들었다. 그러더니 끝국은 안정된 삶을 포기하고 음악을 더 공부하기 위해 고생길이 훤한 타국으로 가족들을 데리고 나갔다.

마지막으로 리스 앤더슨은 경건한 삶을 하나님같이 사는 삶이라고 묘사했다. WWJD라는 알파벳이 적힌 티셔츠나 스티커를 본 적이 있는가? 그것은 'What Would Jesus Do?'예수님이라면 어떻게 하실까?라는 문구의 이니셜이다. 경건한 삶이란 찰스 쉘든Charles Sheldon의 『예수님이라면 어떻게 할까』In His Step라는 소설 속의 목사가 도전한 것처럼 매사에 '예수님은 이런 경우 어떻게 하실까?'라고 묻는 삶이다. 예수님이라면 아침에 어떻게 일어나실까? 불평하고 짜증부터 내실까? 예수님이라면 배우자나 가족을 어떻게 대하실까? 예수님이라면 가정과 직장에서 어떻게 일하실까? 예수님이라면 어떻게 운전하실까? 데이트는 어떻게 하실까?

물론 예수님과 우리는 똑같지 않다. 그분은 신인神人이시며 타락한 성품을 갖고 계시지 않다. 우리는 결코 그분과 같아질 수 없다. 그러나 그럼에도 불구하고 우리는 그분을 본받아야 하며 그분의 뒤를 따라야 한다. 그분은 하나님의 원하시는 인간의 삶이 어떠해야 하는지를 보여 주는 우리의 모델이시다. 그러므로 '예수님이라면 어떻게 하실까?'라고 질문하는 것은 우리의 인생을 업그레이드시켜 줄 훌륭한 습관이다.

어떤 사람은 이 원리를 자신의 보수적 또는 전통적 성향을 정당화하는 데 사용하기도 한다. 그들은 예수님이 극장에 가는 것을 상상할 수 없기 때문에 그 제자들이 극장에 가서는 안 된다고 말한다. 그러면 예수님이 선글라스를 쓰신 채 스포츠카를 모는 것은 상상할 수 있는가? 이어폰을 꽂고 러닝머신에서 뛰는 것은? 화장실에 가는 것은 어떤가? 경건은 사회나 문화로부터 고립되거나 도망가는 것이 아니다. 경건은 인간성을 부정하는 것도 아니다. 예배당에만 갇혀서 종교적인 말과 행동만 늘어놓는 것이 경건은 아니다. 예수님도 그러지 않으셨다. 그것은 한 인간으로 이 세상을 살아가면서 하나님을 경외하는 가운데 하나님의 관점으로 세상을 보고 하나님의 기준대로 사는 삶을 의미한다.

범사에 또 영원히 가치 있는

경건은 가치가 있다. 바울은 그 가치를 육체적 훈련과 비교하여 설명한다. 그는 디모데에게 보낸 편지에서 "육체의 연단은 약간의 유익이 있으나 경건은 범사에 유익하니 금생과 내생에 약속이 있느니라."딤전 4:8고 말한다. 오늘날 수많은 사람들은 육체적 훈련에 시간과 돈을 투자한다. 그것의 가치를 알기 때문이다. 헬스클럽에 가 보라. 많은 사람들이 몸짱이 되려고 비지땀을 흘리며 뱃속의 기름을 태우고 있다. 젊은이들은 여름철 수영복을 입고 이성에게 강한 매력을 주기 위해 푸시업과 웨이트트레이닝을 한다. 40-50대 중년들은 생존 자체를 위해 새벽을 깨우며 거리를 달린다. 요즘은 웰빙의 바람을 타고 유기농 음식과 반신욕을 하는 사람들이 많아지고 있다. 꼭 웰빙족이 아니더라도 많은 사람들이 육체의 건

강을 위해 많은 신경을 쓴다. 그러나 바울은 몸의 훈련은 약간의 유익이 있을 뿐이라고 말한다. 얼마간의 유익, 즉 육체적 건강이라는 제한적인 유익이 있다는 말이다.

그것과 비교해서 "경건은 범사에 유익하니 금생과 내생에 약속이 있다."고 성경은 말한다. 유진 피터슨Eugene Peterson은 자신의 의역성경『메시지 - 신약』The Message에서 경건의 유익은 "훨씬 더 커서 현재뿐 아니라 영원 세계에도 당신을 쓸모 있고 적합하게 만든다."라고 번역했다.[23] 만약 우리가 하나님에 대한 바른 태도를 지니고 정말 하나님 중심적으로 하나님께 드려진 삶을 산다면 그것은 삶의 어떤 상황과 환경에서도 무한한 가치를 지니게 될 것이다. 경건은 일하는 것과 노는 것, 성공과 시련, 생각과 독서, 기도와 수면, 저축과 소비, 이성 교제와 결혼, 자녀교육 등 삶의 모든 영역에 영향을 미칠 것이다. 휘튼대학교의 총장을 역임한 드웨인 릿핀Duane Litfin은 "경건은 일시적인 이생과 영원한 삶의 모든 영역에 영향을 미치며 그것이 손대는 모든 것에 복을 내릴 것이다."라고 말했다.[24]

내가 유학 시절 달라스신학대학원에서 경험한 가장 큰 축복 가운데 하나는 참된 의미에서 경건한 교수님들을 만난 것이었다. 겉으로 보기에 아주 종교적인 사람은 별로 없었다. 나무 십자가를 걸고 다니거나 '아멘, 할렐루야'를 입에 달고 다니거나 심지어는 자동차에 그 흔한 물고기 스티커를 붙이고 다니는 교수님도 본 기억이 없다. 처음 달라스신학교에 와서 놀란 것은 학교 곳곳에 붙어 있는 장식용 그림 액자에 소위 '성화'라 불릴 그림이 하나도 보이지 않았다는 것이었다. 당시 학교의 총장이었던 찰스

스윈돌은 큰 스타디움에서 거행된 "약속을 지키는 사람들"^{Promise Keepers}이라는 남성들의 집회에 할리 데이비슨 오토바이를 타고 강단에 나오는 이벤트를 연출하기도 했다. 그렇지만 그들은 참으로 하나님 중심적인 삶을 살며 주님을 닮은 인격을 소유한 분들이었다. 나는 그분들이 말 그대로 젠틀맨임을 알았고 경건함이 얼마나 멋있고 좋은 것인가를 경험했다. 종교적이진 않았지만 경건함이 지배하는 공동체가 얼마나 아름답고 복된지를 체험한 것이다.

경건함은 우리를 더 나은 학생과 직장인이 되게 하며 더 나은 연인과 배우자가 되게 한다. 그것은 우리를 더 나은 부모와 자식이 되게 하며 더 나은 사역자와 교인 그리고 더 나은 시민이 되게 한다. 뿐만 아니라 경건의 유익은 이 세상뿐 아니라 오는 세상에까지 미친다. 경건함의 가치는 이 세상이라는 환경뿐 아니라 우리 영혼의 참된 환경인 영원을 통해 계속해서 펼쳐지는 꽃처럼 활짝 피게 될 것이다. 우리가 경건함으로 인해 받을 영원한 보상이 얼마나 놀라울지는 상상조차 할 수 없다. 그러므로 경건은 앤더슨의 표현처럼 이 세상의 대부분 사람들이 알지 못하고 있는 가장 위대한 꿈이라고 해도 과언이 아니다. 이처럼 이생을 넘어 영원까지 놀라운 가치를 지닌 것이 어디 있는가? 몸짱, 얼짱이 좋다 해도 그 상태가 얼마나 가겠는가? 수십억짜리 집이나 최신형 고급 외제차가 내 생에 그리 무슨 가치가 있겠는가? 바울은 경건의 가치에 대한 자신의 진술이 참된 것임을 강조하며 "미쁘다 이 말이여 모든 사람들이 받을 만하도다."^{딤전 4:9}라고 말했다. 자신의 말이 누구나 온전히 받아들일 만한 진실이라는 뜻이다. 이 세상이 경건을 케케묵은 종교적 덕목으로 밀쳐놓으려 하더라도 그 말을 믿지 마라. 경건은 이 세상에서 당신을 더 나은 사람으로 만들며 영원을 통해 당신의 삶을 아름답게 만드는 참으로 소중한 가치이다.

연습, 연습 또 연습

그러면 어떻게 경건한 삶을 살 수 있을까? 바울은 디모데전서 4:7에서 두 가지 방법을 제시한다. 하나는 잘못된 가르침을 거부하는 것이다. 바울은 "망령되고 허탄한 신화"를 버리라고 명한다. 이것은 일차적으로 당시 에베소교회에 있던 거짓 교사들의 가르침에 대한 거절을 의미한다. 그들이 가르친 유대의 신화적 족보 이야기와 헬라의 금욕주의적 철학을 혼합한 이단적 교리를 거절하라는 것이다. 오늘날에도 삶을 어지럽히고 영혼을 병들게 하는 이단적 가르침이 도처에 횡행하고 있다. 기독교의 이름으로 기복주의, 율법주의, 종교적 다원주의가 버젓이 전파되고 있다. 상대주의적이고 상황적인 윤리관도 점점 힘을 얻어 가고 있다. 뿐만 아니라 학교 강단과 미디어, 영화 같은 매체들이 전하는 거짓 가치에 현혹되지 말아야 한다. 세속적 인본주의, 혼합주의, 물질주의, 포스트모던적 상대주의는 경건에 독이 될 것이다. 우리는 분별력을 가져야 한다. 성경을 읽고 공부하고 묵상하라. 좋은 경건서적은 물론이거니와 기독교 세계관과 신학 관련 도서들을 읽으라. 하나님의 진리로 우리의 마음을 채우지 않는다면 경건한 삶은 불가능하다.

바울은 이어서 경건을 위한 영적 훈련이라는 또 하나의 방안을 제시한다. 7절의 후반부를 보면 "경건에 이르도록 네 자신을 연단하라."는 권면이 있다. '연단한다'는 말은 헬라어로 '귐나제'gymnaze인데, 여기서 훈련장 또는 체육관이라는 뜻의 영어 '짐내지움'gymnasium이 나왔다. 운동에 관련된 비유를 사용함으로써 바울은 마치 운동선수가 체육관에서 땀 흘려 연습하듯이, 경건함에 이르도록 스스로를 훈련하라고 우리에게 도전한다.

우리는 운동선수들이 경기장에서 뛰기 위해 얼마나 피나는 연습을 하는지 잘 안다. 왕년의 테니스 스타였던 크리스 에버트는 어릴 때부터 테니스 신동이라고 일컬어졌지만 매일 5시간씩 테니스 연습을 했다. 그녀는 은퇴 소감을 밝히면서 이제는 더 이상 그렇게 훈련할 수 없기 때문에 은퇴한다고 했다. 운동만이 아니다. 거의 모든 영역에서 훈련 없이 성취되는 것은 없다. 어니스트 헤밍웨이Ernest Miller Hemingway는 자유분방한 삶으로 유명하지만, 작품을 쓰는 동안에는 거의 매일 아침 6시 30분부터 정오까지 헐렁한 옷에 가벼운 구두를 신고 책상 앞에 앉아 작업했으며, 그날의 작업량을 꼼꼼하게 도표에 기록하였다고 한다. 그는 적합한 한 단어를 찾거나 한 문장을 다듬는 데 엄청난 시간을 소모했으며,『무기여 잘 있거라』A farewell to arms의 결론부를 무려 17번이나 고쳤다는 일화는 널리 알려져 있다. 20세기 최고의 바이올린 연주자로 꼽히는 야수아 하이페츠는 3세 때 바이올린을 시작하여, 아주 어린 시절부터 75세에 죽기까지 하루 네 시간씩 연습했다고 한다. 윈스턴 처칠은 우리 시대의 뛰어난 연설가로 알려져 있지만 사실은 놀랍게도 혀짤배기소리를 내는 사람이었다. 그런 데도 그가 마치 즉석에서 말하는 것과 같은 논평과 명연설로 유명해진 비결은 무엇일까? 그에게는 모든 것을 글로 써 놓고 하나하나 연습하는 숨은 과정이 있었다. 심지어는 쉼표까지 표시해 놓았고 강조할 어구에서는 일부러 느릿느릿 말을 더듬는 모양을 내기도 했다. 그의 원고 여백에는 '환호', '옳소, 찬성이요!', '장시간의 환호', '기립 박수가 예상됨' 등의 표시가 되어 있었다. 이렇게 원고가 완성되면 그는 거울 앞에서 수없이 연습했고 통렬한 반박이나 얼굴 표정을 흉내 내는 부분까지 미리 연습해 두었다고 한다. 어떤 사람은 처칠이 즉흥 연설문을 작성하고 연습하는 데 인생의 전성기를 보냈다고 할 정도였다.

영어로 'Practice makes perfect.'이라는 말이 있다. 훈련이 완전함을 만들어 낸다는 의미이다. 이 말은 운동이나 계술, 기술 등 삶의 다른 분야뿐 아니라 경건에도 해당된다. 이 타락하고 세속적인 세상에서 경건하게 살려면 우리는 영적 훈련을 해야 한다. 아무도 저절로 경건해지지 않는다. 영성신학의 대가 달라스 윌러드Dallas Willard는 삶의 현장에서 예수님처럼 행하려면 주님의 전체적인 삶의 방식을 채택해야 하는데 그것은 광야나 골방처럼 아무도 없는 공간에서 훈련하는 것을 포함한다.[25] 윌러드는 많은 그리스도인들이 예수님처럼 기도와 묵상, 예배와 침묵, 홀로 있음의 훈련을 하지 않으면서 예수님처럼 되그 싶어 한다고 지적했다. 예수님처럼 은혜롭기를 원하는가? 그분이 산상수훈에서 가르쳐주신 것처럼 누가 오른쪽 뺨을 때리면 다른 뺨도 돌려 대며, 속옷을 가지려 하는 자에게 겉옷까지 내어 주며, 강제로 오 리를 가게 하는 자에게 십 리를 동행해 줄 수 있기를 원하는가? 그렇다면 대가를 지불하고 경건에 이르는 훈련을 해야 한다. 미리 결단하고 실제적인 계획을 짜서 이를 실행에 옮겨야 한다. 미국 NBA의 명문팀 보스턴 셀틱스에서 뛰었던 전설적인 농구 선수 래리 버드는 어떻게 그렇게 슛을 잘 쏘느냐고 묻는 기자에게 단 세 마디로 "연습, 연습 또 연습이죠!"practice, practice, practice라고 대답했다. 그렇다. 연습, 곧 훈련이 답이다. 그래야 범사에 유익하며 금생과 내생에 약속이 있는 이 소중한 경건을 내 것으로 만들 수 있다.

즐거운 경건훈련

이 장을 마치기 전에 경건훈련에 대해 우리가 갖고 있는 잘못된 편견이나 고정관념을 되짚을 필요가 있다.[26] 많은 사람들은 훈련에 대해 부정적으로 생각한다. 경건에 이르는 훈련은 반드시 힘들고 고통스러워야 한다는 생각이 은연중에 있다. 물론 훈련에는 분명한 결단과 결심을 이루어 나가려는 지속적인 헌신이 요구된다. 그러나 그것이 꼭 고통스럽고 하기 싫은 것일 필요는 없다.

많은 경우 우리는 영적 훈련을 너무 거창하게 생각한다. 그리고 그것이 영적 훈련에 대해 거부감을 갖게 만든다. 나는 몇 년 전부터 잠에서 깨면 바로 새날을 주신 하나님께 감사하고 그날 그분이 하실 일에 대해 기대한다고 말씀드려 왔다. 그것은 전혀 힘든 일이 아니다. 그러나 그 습관이 나의 영적 삶에 미치는 영향은 적지 않다. 또한 염려나 두려움 같은 부정적인 생각이 들면, 그것을 기도로 바꾸는 훈련을 하고 있다. 영적 훈련을 40일 금식기도처럼 대단한 것으로만 생각하지 말고, 쉬운 것부터 시작하라. 아침에 10분 정도 기도하고 묵상을 돕는 책과 함께 간단히 하나님의 말씀을 묵상하는 것은 어렵지 않다. 이를 위해 조용한 시간과 안전한 장소를 미리 정해 놓으면 큰 도움이 된다. 중요한 것은 지속하는 것이다. 어떤 행동이든지 3주 정도만 꾸준히 지속하면 습관이 될 수 있다.

또한 자신의 기질이나 은사를 고려하여 훈련해야 한다. 몇 년 전 한 일본 작가에 의해 유행하게 된 '아침형 인간'에 대한 논의는 온 나라를 떠들썩하게 만들었다. 이것은 곧 교회에도 영향을 미쳐, 경건한 사람이라면 새벽기도를 해야 하는 것처럼 말하는 사람이 적지 않았다. 그러나 세상의 모든 사람들이 다 아침형 인간은 아니다. 전문가들도 무리하게 아침형 인간의 패턴을 따르다가는 부작용이 있을 수 있다고 경고했다. 하나님께서 당신을 아침형 인간으로 만드셨는가? 그렇다면 새벽이나 이른 아침 시간을 적극 활용하라. 그러나 '저녁형 인간'에 가깝다면, 당신의 영적 훈련은 아침형 인간의 그것과는 다른 방식으로 이루어져야 할 것이다.

게리 토마스Gary Thomas는 『영성에도 색깔이 있다』Sacred Pathways라는 훌륭한 책을 썼다. 그 책에서는 하나님과의 친밀한 관계로 이끄는 9가지 영적 기질에 대해 말한다.[27] 자연주의자들은 야외에서 하나님을 경험하는 데 익숙하다. 감각주의자들은 소리와 향, 정교한 건축 등에 이끌리면서 오감으로 하나님을 경험한다. 전통주의자들은 의식과 상징, 성례 등으로 하나님을 사랑한다. 금욕주의자들은 고독과 단순성으로 하나님과의 친밀감을 개발한다. 행동주의자들은 사회참여와 불의와의 대결을 통해 하나님을 경험한다. 박애주의자들은 이웃 사랑으로 하나님과의 관계를 심화시킨다. 열정주의자들은 신비와 축제로 하나님께 가까이 나아간다. 묵상주의자들은 하나님을 연인처럼 사모함으로 하나님과의 친밀한 관계를 맺는다. 지성주의자들은 생각과 지적 활동을 통해 하나님을 경험한다. 물론 모든 사람이 토마스의 9가지 유형에 산뜻하게 들어맞지 않을 수 있겠지만 중요한 것은 사람마다 영적 기질이 다르고 그 기질에 따라 영성 형성의 길도 다양할 수 있다는 것이다. 자신의 기질과 은사를 고려하여 그에 맞는 훈련방법을 개발하라. 그러면 훈련이 훨씬 즐거울 수 있다.

훈련을 즐겁게 하기 위한 또 하나의 비결은 융통성을 가지는 것이다. 때로 생활 리듬이 깨질 때가 있다. 한 예로 나는 얼마 전 교단 목회자들의 정기모임에 참석했다. 여러 명의 목회자들이 한곳에서 숙식을 했기 때문에 개인 시간을 갖기가 몹시 힘들었다. 이런 상황에서 소위 큐티Quite Time는 거의 불가능하다. 오히려 이런 경우 사람들과의 관계 속에서 또는 자연 속에서 하나님을 경험하고 영성을 가꾸는 것이 낫다. 지나치게 법칙에 얽매이지 마라. 방법은 방법일 따름이다. 어린아이를 키우는 엄마는 책상에 혼자 앉아 말씀을 묵상하고 기도하는 시간을 정기적으로 가지기 힘들 수 있다. 그러나 이 시기에도 여전히 경건에 이르는 훈련은 가능하다. 아이를 통해 성령님의 가르침을 받을 수 있고 그 아이를 돌봄으로 사랑과 섬김의 훈련을 할 수 있다. 때로 훈련에 게을러지거나 실패할 수 있다. 그러나 너무 자책하거나 포기하지 말고 다시 시작하는 여유와 용기를 가질 필요가 있다. 사탄의 정죄에 빠져 낙심하지 마라. 만약 그가 당신에게 큐티를 빼먹었다고 비난하거든 '너는 하루라도 한 적이 있니?'라고 쏘아붙이고 다시 시작하라.

훈련은 영성의 척도가 아니며, 하나님의 사랑을 쟁취하는 수단도 아니다. 훈련의 여부와 상관없이 하나님은 우리를 사랑하신다. 훈련은 철저히 자신의 유익을 위한 것이다. 훈련이 가져다줄 유익에 시선을 고정할 필요가 있다. 기계적으로 규칙을 지키려하기보다는 성령의 창의적인 일하심에 민감해야 한다. "내가 큐티를 했는가?"라는 질문보다는 "내가 하나님 중심적인 삶으로 이끌리고 있는가?"라는 질문에 답할 수 있어야 한다. 이렇게 훈련할 때 우리는 모든 면에서 더 나은 사람이 되며 영원세계까지 그 유익을 누릴 것이다.

내일 아침부터?

이제 스스로를 평가해 보자. "당신은 경건한가?" 내 질문을 정확하게 이해하라. "당신은 종교적인가?"라고 묻지 않았다. "교회의 모든 모임에 참석하며 십일조를 하는가?"라고도 묻지 않았다. 그보다 더 크고 중요한 질문은 이것이다. "하나님을 하나님으로 대하며 삶의 모든 영역에서 하나님 중심적인 삶을 사는가? 하나님의 아들 예수 그리스도의 모습을 닮아 가며 생활 속에서 그분의 향기를 풍기는가?" 이 질문에 대한 대답이 해결되면 모임 참석이나 헌금 문제 등은 저절로 해결된다.

좋은 소식이 있다. 그것은 당신이 경건해질 수 있다는 것이다. 사실 누구든 경건해질 수 있다. 경건은 은사나 기질, 또는 지식 여부에 달려 있지 않다. 올바른 성경적 가르침을 받고 자신을 훈련하면 우리는 예수 그리스도의 향기를 풍기는 매력적인 그리스도인으로 변할 수 있다. 이보다 더 희망적인 소식이 어디 있는가?

중요한 것은 목표를 세우고 그 목표를 이루기 위한 발걸음을 떼는 일이다. 우리의 가장 큰 문제는 종종 미루는 데 있다. 우리는 '내일부터 하지, 다음 주부터 하지.'라고 생각한다. 그러나 내일이 오면 우리는 또 그 다음날로 미룬다. 대한민국의 중년 남자들 가운데 80%가 넘는 사람들이 "내일 아침부터 운동하면 문제없이 뱃살을 뺄 수 있다."고 생각한다는 말을 들은 적이 있다. 그럴지 모른다. 내일 아침부터 운동하면 그 지겨운 뱃살을 뺄 수 있을 것이다. 그러나 문제는 그들이 내일 아침부터 뛰지 않는다는 데 있다. 미루는 것은 사탄이 고안한 최고의 전략이다. 그것은 실패로 가는 확실한 길이다. 작은 것이라도 결단하고 당장 실천하라. 하나님께서 은혜를 더해 주시며 격려해 주실 것이다. 10분 동안의 아침 기도, 하루 1시간 정도의 영적 독서, 일상을 통한 하나님의 임재 연습 같은 것들이 당신을 경건으로 이끌 것이다. 그리고 그 경건은 당신을 지상에서 영원까지 가치 있고 매력적인 사람으로 만들어 줄 것이다.

1. 꾸준히 좋아하는 인물이나 예술작품이 있는가? 트렌디한 것과 비교해서 그것의 매력은 무엇이라고 생각하는가?

2. 저자는 경건을 설명하면서 리스 앤더슨의 3가지 경건한 삶의 특징을 인용했다. '하나님 중심의 삶', '하나님께 온전히 드려진 삶', '하나님같이 사는 삶.' 이 세 가지 특징으로 당신의 삶을 평가할 때 당신은 얼마나 경건하다고 말할 수 있는가? 그 이유는?

3. 저자는 경건을 종교적인 것과 구분하면서 경건이 우리를 범사에 더 나은 사람으로 만들 것이라고 했다. 당신이 경험했거나 생각한 경건의 구체적 유익은 무엇인가?

4. 당신은 어떤 경건훈련을 하고 있는가? 당신이 경험했거나 하고 있는 훈련에 대해 나누어 보자.

5. "경건훈련에 대해 우리가 갖고 있는 편견이나 고정관
   념을 넘어 즐겁고 융통성 있는 훈련을 하라."는 저자의
   조언에 대해 어떻게 생각하는가? 즐거운 경건훈련을
   위해 제시된 몇 가지 방안 가운데서 당신에게 가장 유
   익한 것은 무엇인가?

6. 게리 토마스가 제시한 9가지 영적 기질 가운데 당신은
   어떤 유형인가? 당신의 기질과 특성을 고려할 때 어떤
   식의 경건훈련이 가장 효과적일까?

7. 당신이 당장 실천할 수 있는 경건훈련 한 가지만 구체
   적으로 나누어 보라.

8장

최고의 무형자산 : 마음

우리는 귀중한 것을 지키려 한다. 거액의 돈은 금고에 넣어 두거나 은행에 맡긴다. 대개 고급 자동차에는 경보장치가 달려 있다. 뿐만 아니라 아파트나 주택의 현관에는 잠금장치 하나만으로는 부족해서 보조 잠금장치를 달거나 최첨단 지문인식 키를 설치해 놓는다. 회사나 공공건물은 경비단체와 계약을 맺어 재산을 지키기도 한다. 사람도 예외가 아니다. 중요한 사람들, 특히 대한민국 대통령은 최고의 경호부대가 24시간 지킨다. 유명인들도 보디가드에 의해 보호를 받는다. 그러나 나처럼 평범한 사람은 아구도 지키지 않는다.

당신이 가장 신경을 써서 지키는 것은 무엇인가? 자동차, 집, 자녀? 건강? 또는 배우자인가? 그게 무엇이든 간에 그것이 지금 당신의 가장 귀한 것이요, 재산목록 1호이다.

성경은 우리가 가장 신경을 써서 지켜야 할 것이 마음이라고 말한다.

그 말은 마음이야말로 우리의 재산목록 1호라는 의미이다. 비록 눈에 보이거나 만져지지 않지만 마음은 우리의 최고 자산이다. 경제용어를 쓰자면 그것은 최고의 무형자산intangible asset이다.

마음 _존재의 중심

잠언 4:23은 "모든 지킬 만한 것 중에 더욱 네 마음을 지키라 생명의 근원이 이에서 남이니라."고 권면한다. 이 말씀에 의하면 마음은 곧 생명의 근원이다. 다시 말하면 우리의 모든 활동과 삶의 선택들은 마음에서부터 나온다. 마음으로 번역된 히브리어 '레브/레밥'leb/lebab은 구약에서 858번이나 사용된 단어로, 한 사람의 정서적, 지적, 종교적, 도덕적 활동의 센터이다. 우리는 마음으로 세상을 보고, 현실을 해석한다. 마음으로부터 결정을 내리고, 마음의 생각을 말과 행동으로 옮긴다. 마음은 우리 몸에 영향을 미치며, 영적인 활동을 주도한다. 달라스 윌러드의 표현에 의하면 "우리는 마음으로 산다."We live from the heart[28]

예수님도 마음의 중요성에 대해 강조하셨다. 마가복음 7장에 보면 바리새인과 서기관들이 손을 씻지 않고 음식을 먹은 제자들을 비난하는 장면이 나온다. 위생적 이유 때문이 아니라 정결례를 어겼기 때문에 나온 비난이었다. 이에 대해 예수님께서는 본질적인 문제가 음식이나 손을 씻는 정결례에 있는 것이 아니라 사람의 마음에 있음을 분명히 하셨다.

무엇이든지 밖에서 들어가는 것이 능히 사람을 더럽게 하지 못함을 알지 못하느냐 이는 마음으로 들어가지 아니하고 배로 들어가 뒤로 나감이라 이러므로 모든 음식물을 깨끗하다 하시니라 또 이르시되 사람에게서 나오는 그것이 사람을 더럽게 하느니라 속에서 곧 사람의 마음에서 나오는 것은 악한 생각 곧 음란과 도둑질과 살인과 간음과 탐욕과 악독과 속임과 음탕과 질투와 비방과 교만과 우매함이니 이 모든 악한 것이 다 속에서 나와서 사람을 더럽게 하느니라 ^{막 7:18-23}

사람을 깨끗하게 하거나 더럽게 하는 것은 정결례 같은 외적인 행위에 달려 있지 않다. 예수님에 의하면 그것은 마음에 달려 있다.

더욱 중요한 것은 마음이 말씀을 받는 토양과 같다는 점이다. 예수님께서는 마태복음 13장에서 씨 뿌리는 비유를 통해 말씀을 씨앗에, 마음을 토양에 비유하셨다. 사람의 심령과 관절과 골수를 찔러 쪼개기까지 한다는 생명의 말씀을 똑같이 들었는데 왜 어떤 사람은 그 말씀으로 은혜 받아 인격이 변하고 삶이 변하는데 다른 사람은 그렇지 못한가? 주님은 마음의 상태가 다르기 때문이라고 진단하셨다. 완악한 마음이 있는가 하면 세상 염려와 욕심으로 혼란스런 마음도 있다. 들은 말씀이 뿌리를 내리지 못하고 금방 사라지는 피상적인 마음도 있다. 그러나 말씀을 잘 받고 깨달아 30배, 60배, 100배의 열매를 맺는 좋은 마음도 있다. 예수님의 비유대로 표현을 하자면 길가 같은 마음, 돌밭 같은 마음, 가시떨기 같은 마음, 옥토 같은 마음이 있는 것이다. 어떤 마음인가에 따라 말씀의 능력이

다르게 경험된다고 그분은 단언하셨다.

마음이 이렇게 중요한데도 오늘날 그것은 거의 무시되고 있다. 수많은 사람들이 외모에 과도한 관심을 쏟고 외모를 가꾸는 데 엄청난 시간과 에너지와 돈을 투자한다. 전에 본 보도에 의하면 여자들이 얼굴에 화장품을 0.1mm만 얇게 칠해도 세계의 기아 문제가 해결된다고 했다. 헬스클럽과 성형외과들을 보라. 사람들로 넘쳐나고 있다. 쌍꺼풀 수술 계를 하는 사람들도 있다. 어떤 사람은 아예 성형중독에 걸려 계속 성형을 하기도 한다. 자녀의 다리를 길게 만들려고 멀쩡한 다리에 철심을 집어넣는 수술을 시키는 놀라운 엄마도 있다. 한국만 그런 것이 아니다. 미국도, 유럽도, 중국도 마찬가지다. 미국에서는 머리부터 발끝까지 완전히 뜯어고치는 소위 전신성형수술이 유행이고, 중국에서는 다리길이를 늘이는 수술을 하다가 부작용으로 걷지 못하는 사람도 있었다. 한국의 중년 남자들은 몸 보양과 정력 강장을 한답시고 개는 기본이고 곰발바닥, 쓸개, 지네, 개구리, 지렁이, 심지어는 독사까지 드신다.

몸을 돌보는 것이 나쁘다는 말은 아니다. 외모도 적절히 가꾸어야 한다. 예배드리러 오는데, 자다가 금방 일어나 막춤 추는 듯한 머리로 추리닝에 슬리퍼를 끌고 오라는 뜻은 아니다. 그러나 분명한 것은 몸보다 마음이 더 중요하다는 사실이다. 앞서 인용한 잠언말씀을 상기하라. 마음은 생명의 수원이다. 우리의 삶은 마음에서부터 시작한다. 마음이 우리 존재와 삶의 사령부이다.

마음 도둑

이처럼 마음이 중요하기 때문에 그것을 노리는 도둑이 있다는 사실을 상상하기란 어렵지 않다. 이 도둑은 마음의 중요성을 너무도 잘 알기에 우리의 마음을 훔치려 한다. 그는 우리의 마음을 조작하여 거짓을 믿게 하고 허탄한 생각과 어리석은 선택을 하게 한다. 그는 우리 마음속에 하나님 말씀이 아닌 다른 것을 심으려고 온갖 짓을 다한다. 그의 이름은 사탄이다. 속 썩이는 당신의 남편에 대해 말하는 것이 아니라 최고의 천사였다가 최악의 존재로 타락한 마귀, 그 악한 영에 대해 말하고 있다.

창세기 1-3장의 이야기를 기억하는가? 태초에 하나님께서 온 정성을 들여 아담과 하와라는 걸작을 만드셨을 때부터 마귀는 마음을 훔치려 했다. 어느 날 여자가 에덴동산의 아름다운 나무 아래 혼자 무방비로 있을 때 그는 변장한 모습으로 다가가 작업을 걸었고 달콤한 속임수로 그녀의 마음을 훔쳤다. 여자는 남자와 함께 금단의 열매를 먹었고 그들의 마음은 치명상을 입었다. 옥토와 같았던 그들의 마음은 의심과 혼란, 두려움과 수치심, 불평과 반항심으로 엉망이 되었다.

그 사건 이후 그들의 후예인 인류는 다 그렇게 망가진 마음으로 이 세상에 태어났다. 그래서 예레미야 선지자는 "만물보다 거짓되고 심히 부패한 것은 마음이라."렘 17:9라고 통탄했다. 우리의 마음은 이 세상의 그 어떤 것보다 거짓되고 부패한 것이 되었다. 이런 마음에서 부모와 배우자와 직장 동료를 속이는 거짓말이 나온다. 이런 마음에서 다른 사람에 대한 질투와 원망이 나온다. 이런 마음에서 남을 해코지하려는 생각이 나온다. 이런 마음에서 각종 사기와 증오와 더러운 욕심이 나온다. 이런 마음에서 아동 성폭행과 존속살인이 도모되었고 위안부 강제동원과 민간인 테러와 핵도발이 계획된 것이다.

이렇게 망가진 마음은 그 어떤 것으로도 회복되지 않는다. 교육도, 수양도, 상담도, 최면도, 종교도 이 마음을 완전히 돌이키기에는 부족하다. 사탄이 빼앗아 가서 망가뜨려 놓은 마음은 다시 만들어져야 한다. 신학적으로 이를 '중생'regeneration이라고 일컫는다. 우리가 죄를 회개하고 나를 위해 십자가를 지신 예수 그리스도를 주님으로 믿으며 그분의 십자가 사랑을 받아들일 때 성령께서는 우리의 마음을 새롭게 하신다. 마음의 회복을 원하는가? 예수를 믿어야 한다. 청년 시절 방황하고 있을 때 아버지는 "네 인생에 마음의 혁명이 필요하다."라고 말씀하셨다. 나도 동의했다. 그러나 당시 그 혁명이 어떻게 일어나는지에 대해서는 전혀 몰랐다. 후에 알게 된 사실이지만 마음의 혁명은 예수 그리스도를 의지하고 그분을 내 인생의 주인으로 모시며 그분의 음성을 듣고 그분의 뒤를 따를 때에만 가능하다. 예수님은 사탄이 앗아 가서 망가뜨려 놓은 우리의 마음을 되찾아 회복시키려 오신 분이기 때문이다. 이제 보다 구체적으로 마음의 혁신 프로젝트를 살펴보자. 나는 이것을 '마음의 정원 가꾸기'라고 표현한 고든 맥도날드의 은유를 제목 삼아 풀어 보려 한다.[29]

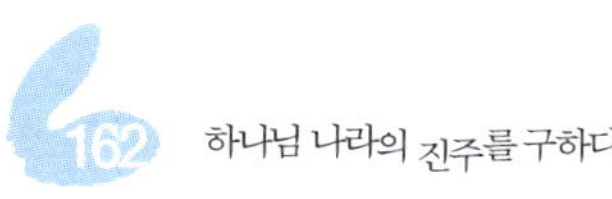

비록 예수를 믿고 새로운 마음을 받았다 해도 우리는 그것을 계속 가꾸고 관리해야 한다. 끊임없이 우리의 마음을 노리는 도둑이 있기 때문이다. 지혜자가 하나님의 백성들에게 다른 어떤 것보다 마음을 지키라고 권면한 것도 이 때문이다. 마귀의 움직임을 조심하고 경계하는 것이 마음을 가꾸는 첫 번째 비결이다. 사실 현대인들은 마귀를 우습게 생각하는 경향이 있다. 그리스도인들도 예외가 아니다. "마귀요? 우리 부장 그 인간이 마귀지!" 또는 "우리 남편 성이 마 씨인데 마귀 형님뻘은 될 거예요!"라고 말할 수도 있다. 그러나 마귀는 당신의 직장 상사나 배우자와는 비교할 수 없이 무섭고 사악한 존재이다. 베드로는 "대적 마귀가 우는 사자 같이 두루 다니며 삼킬 자를 찾나니."벧전 5:8라고 했다. 그를 경계하라. 그는 당신을 증오하며 망가뜨리려 한다. 그는 예수님의 씨 뿌리는 비유에서 묘사된 것처럼 우리 마음에 뿌려진 하나님의 말씀을 빼앗으려 한다. 그는 여러 유혹과 거짓을 동원하여 마음을 사로잡으려 한다. 특히 변장에 능하기 때문에 정신을 차리지 않으면, 그 실체를 알지 못하고 작업에 끌려 들어갈 수도 있다. 특별히 마음의 작은 흔들림을 가볍게 여겨서는 큰일 난다. 마귀는 어떻게 작은 미끼를 사용하여 우리의 마음을 낚아 올릴지를 잘 안다.

둘째, 형식주의로 대체하지 마라. 많은 그리스도인들이 형식주의로 마음 가꾸기를 대체하려 한다. 마음의 상태를 모니터하고 정직하게 마음을 들여다보는 것은 결코 쉬운 일이 아니다. 때로는 아주 고통스러울 수도 있다. 그래서 우리는 종교 행위, 이를테면 예배 참석, 헌금, 봉사 등으로 그것을 대체한다. 마음의 정원에서 잡초를 뽑고 그 정원을 가꾸기보다는 종교적인 말과 행동으로 양심을 누그러뜨리고 대충 만족하는 것이다. 예수님 당시의 바리새인들이 그랬다. 그들의 마음은 완악했고 주님으로부터 멀리 떠나 있었다. 그러나 그들은 일주일에 두 번씩 금식했고 십일조를 드렸고 사람들 앞에서 길게 기도했다. 그들처럼 우리도 영성을 마음의 문제로 규정하기보다 종교적 형식이나 외모의 문제로 규정하기를 좋아한다. 몇 년 전에 나는 아침 큐티를 하면서 매일 노트에 성경본문에 대한 묵상의 결과를 적어 놓기로 결심한 적이 있었다. 주님의 말씀을 더 잘 듣고 누리기 위한 목적에서였다. 그러나 시간이 가면서 나는 노트를 채우는 일에 더 신경을 쓰기 시작했다. 시간이 부족한 날에는 주석을 보고 급히 몇 가지를 베껴 적기도 했다. 큐티를 빼먹은 어떤 날은 그 다음날 소급해서 전날 날짜를 적고 노트에 쓰기도 했다. 누구에게 제출해서 검사 맡을 것도 아닌데 왜 그랬는지 나도 모르겠다. 나는 형식주의에 빠졌던 것이다. 주님은 인애, 즉 사랑을 원하지 제사를 원하지 않으신다. 다윗은 주께서 원하시는 제사는 우리의 상한 심령이라고 했다. 형식주의에 빠지는 것은 위험하다. 마음에 초점을 두라.

셋째, 성령께서 당신의 마음에 사역하시게 하라. 성령은 우리의 마음을 새롭게 하시는 영이다. 많은 사람들이 성령을 생각하면 알아듣지 못하는 말을 반복하는 방언이나 거친 언사로 강단을 주름잡으며 사람들을 마구 쓰러뜨리는 부흥사를 생각한다. 그러나 성령의 주된 관심은 우리 마음에 있다. 바울은 성령 충만하면 우리 마음은 감사와 찬송으로 가득 차게 된다고 말한다. 성령의 인도하심을 따르면 사랑과 희락과 화평과 같은 열매가 맺히는데 이는 우리의 성품, 즉 마음과 관계된 것이다. 성령의 충동에 순종하라. 성령께서 찔림을 주시거든 회개하라. 성령의 인도하심에 민감하고 두려워하지 마라. 어떤 교회는 성령께서 예상치 못한 일을 하실까 봐 두려워서 박수도 못 치게 한다. 그런 태도는 성령을 소멸하는 결과를 낳는다. 성령의 마음 가꿈 사역을 사모하는 자는 무엇보다 기도해야 한다. 성경과 우리의 경험은 기도할 때 성령이 역사함을 보여 준다. 우리가 겸손하고도 간절한 자세로 기도할 때 성령이 역사하시고 우리 마음을 만지신다.

넷째, 성경말씀은 물론이고 영성 있는 글 같은 좋은 자원들을 마음에 공급하라. 정원을 가꾸기 위해서는 물을 주고 비료도 줘야 한다. 하나님 말씀과 영적인 글들은 마음의 정원을 위한 물과 비료와 같다. 성경을 읽으라. 그러면 당신의 마음이 부드러워지며 새롭게 된다. 한 신학생이 청년부 수련회에 가서 청년들과 함께 한 방에 둘러앉아 돌아가며 성경을 읽었다고 한다. 단순히 성경을 읽던 중에 심령이 뜨거워지면서 눈물이 나고 모두 부흥을 경험하게 되었다는 것이다. 다윗은 시편 19:7-8에서 "여호와의 율법은 완전하여 영혼을 소성시키며 여호와의 증거는 확실하여 우둔한 자를 지혜롭게 하며 여호와의 교훈은 정직하여 마음을 기쁘게" 한다고 말한다. 진정한 의미에서 성경은 마음의 양식이다. 잘 쓰인 영성 있는 글을 읽는 것도 중요하다. 좋은 책이 많이 있음에도 대부분의 사람들이 별 생각 없이 읽고 던져 버리기 때문에 유익을 얻지 못한다. 달라스신학대학원에서 수십 년간 성서해석학을 가르쳐 온 하워드 헨드릭스Howard Hendricks 교수는 성경을 읽을 때는 탐구하는 자세로 묵상하고 내용을 소화하며 읽을 것을 권면했다. 성경뿐 아니라 다른 좋은 영적 서적을 읽을 때도 적용할 수 있는 훌륭한 충고이다.[30] 또한 어떤 중요한 책들은 40분간 읽고 20분간 그 의미를 반추해야 할 필요가 있다고도 했다.

다섯째, 하나님의 은혜를 누려라. 은혜는 우리 마음을 만지며, 마음을 따뜻하게 한다. 한 까까머리 학생이 산사에 수행 중인 도인을 찾아왔다. 그는 쭈뼛거리며 편지를 내밀었다. 그 학생은 도인이 아는 사람의 아들로, 편지에는 아들이 하도 말썽을 피워서 인간 좀 만들어 달라는 아버지의 부탁이 적혀 있었다. 도인은 편지를 읽은 후 아무 말 없이 따뜻한 밥을 차려서 학생을 먹였다. 다 먹고 나자 이번에는 대야에 물을 떠와 그의 발을 씻겼다. 학생의 눈에서 굵은 눈물이 떨어졌다. 호령을 내리거나 벌을 줄 거라 생각했는데, 예상 밖의 호의로 대해 주니 감동한 것이다. 하나님은 받을 자격이 전혀 없는 우리에게 은혜를 베푸셨다. 나는 마음이 메말라 올 때마다 하나님께서 내게 베풀어 주신 은혜를 생각해 본다. 어찌 나 같은 사람을 구원해 주시고 당신의 자녀로 삼아 주셨는지 그것만 해도 황송하기 그지없는데, 어떻게 나를 목사로 불러 주셨는지 아무리 생각해도 이해가 안 간다. 그분의 한량없는 은혜를 기억하라. 그리고 그 은혜를 사모하라. 괜히 허세 부리거나 주님 앞에서 폼 잡지 말고 은혜가 필요하다고 말씀드려라. 그 은혜가 우리의 심령을 새롭게 할 것이다.

여섯째, 고난에 긍정적으로 반응하라. 고난은 삶의 현실이다. 우리는 다 이런저런 모양의 문제를 만난다. 그때 어떻게 반응하는가가 우리의 마음을 완악하게도 하고, 정반대로 옥토 같은 마음을 만들기도 한다. 가끔씩 목회자들 가운데 젊을 때는 찬바람이 쌩쌩 불던 사람들이 나이가 들면서 부드러워지는 것을 본다. 내가 아는 목사님은 젊을 때 너무 날카롭고 칼 같아서 교인들이 형사 같다고 말할 정도였다. 그러나 목회하면서 어려움을 겪고, 자녀 때문에 마음고생을 하면서 마음이 가난해졌다. 하나님께서 고난이라는 재료를 가지고 그의 마음을 만지신 것이다. 야고보는 고난에 대해 언급하면서 고난을 기쁘게 여기며 인내하면 그 고난이 우리를 "온전하고 구비하여 조금도 부족함이 없게"^{약 1:4} 할 것이라고 확언했다.

> 항상 진실케 내 맘 바꾸사
> 하나님 닮게 하여 주소서
> 주는 토기장이 나는 진흙
> 날 빚으소서 기도하오니

기억하라. 주님은 진흙 같은 우리 마음을 빚는 토기장이가 되신다. 그 과정 가운데 아픔도 있지만 잘 견디면 우리 마음은 아름답게 변한다.

마지막으로, 공동체의 삶에 참여하라. 혼자 있는 것은 취약하다. 마귀는 언제나 그런 그리스도인의 마음을 노릴 것이다. "동물의 왕국" 같은 다

큐멘터리를 보면 그룹에서 이탈한 동물은 언제나 맹수의 타깃이 된다. 사탄은 혼자 있던 하와에게 접근해 그녀의 마음을 훔쳤다. 다윗은 자신의 군대가 전쟁에 나가 있는 동안 혼자 있다가 범죄했다. 우리는 서로 중보하고 권면하며, 서로 격려하면서 점검하고 지켜 주어야 한다. 몇 년 전 딸아이 생일에 아이가 좋아하는 샤브샤브를 먹으러 간 적이 있었다. 그날 비가 왔는데 오빠가 동생 풀잎이의 어깨를 꼭 감싸 안고 같이 우산을 쓰고 앞에서 걸어가고 있었다. 동생이 비를 맞을까 봐 그런 것 같았다. 다정한 오누이의 모습이 얼마나 보기 좋고 흐뭇했는지 모른다. 우리는 서로의 어깨를 감싸 안아야 한다. 우리는 다 연약하기 때문이다. 하나님께서는 그 사실을 누구보다 잘 아시기 때문에 교회를 만드셔서 서로 기도하고 격려하고 돌보도록 하셨다. 가끔 예배에 가기 싫어질 때야말로 더 하나님의 집에 와야 할 때이다. 왜냐하면 내 마음이 취약한 상태에 놓여 있는 시점이기 때문이다. 사탄은 당신의 마음을 노리고 있다. 예배를 비롯한 각종 모임에 참여하며 성도들과 영적 친밀감을 개발하는 것은 훌륭한 영적 습관이다. 히브리서 기자는 "서로 돌아보아 사랑과 선행을 격려하며 모이기를 폐하는 어떤 사람들의 습관과 같이 하지 말고 오직 권하여 그날이 가까움을 볼수록 더욱 그리하자."히 10:24-25고 권면했다. 공동체적 삶은 당신의 마음을 지켜 주며 더 아름답게 가꾸어 줄 것이다.

앞에서 말했듯이 마음은 최고의 무형자산이다. 이 귀한 자산을 어떻게 관리하고 있는가? 몸이나 재산을 관리하듯이 마음을 관리하고 있는가?

정기적으로 마음을 살피기 바란다. 언젠가 위내시경을 한 적이 있었는데 의사가 비디오로 위 내부의 모습을 보여 주면서 작은 혹이 있다며, 조직검사를 위해 세포조직을 떼어 내서 상당한 충격을 받은 적이 있다. 그 전에 내 위를 본 적도 없었고, 그것에 대해 생각해 본 적도 없었다. 의사는 언제라도 암의 위험이 있다며 자주 정기검진을 하라고 했다.

마음을 들여다보거나 그것에 대해 생각했던 적이 언제였는가? 자신의 마음 상태에 대해 얼마나 잘 아는가? 우리는 자주 다윗처럼 기도할 필요가 있다. "하나님이여 나를 살피사 내 마음을 아시며 나를 시험하사 내 뜻을 아옵소서 내게 무슨 악한 행위가 있나 보시고 나를 영원한 길로 인도하소서."시 139:23-24 마음의 내시경을 해 달라는 간구이다. 우리의 가장 깊은 속까지 살피시는 하나님께 당신의 마음을 보여 드려라. 그분이 만지시도록 하라. 자주 정기검진을 하면 리스크는 그만큼 줄어든다.

지금까지 그러지 않았다면 이제부터라도 마음에 가장 큰 신경을 써야 한다. 마음을 지키고 관리하고 가꾸는 일에 투자하는 것보다 더 긴급하고 중요한 일은 없다. 앞에서 제시했던 7가지 방법으로 마음의 정원을 부지런히 가꿈으로 하나님께서 보시기에 아름다운 마음으로 다 변해 간다면 그보다 더 좋은 일이 어디 있겠는가?

1. 당신의 재산목록 1호에 대해 말해 보라.

2. 저자는 마음이 왜 그렇게 중요한지에 대해 몇 가지 근거를 대었다. 마음의 중요성에 대해 당신이 경험했거나 느낀 바를 근거로 말해 보라.

3. 마음이 그처럼 중요한데도 왜 오늘날의 사람들은 마음보다 몸에 더 많이 신경을 쓴다고 생각하는가?

4. 마음을 도둑맞아서 어려움을 당한 적이 있는가? 지금 당신은 마음을 지키기 위해 어떤 노력을 하고 있는가?

5. 마음의 정원을 가꾸기 위한 저자의 7가지 제안 가운데 당신에게 가장 필요한 것은 무엇인가? 이를 구체적으로 적용할 방안을 말해 보라.

6. 다윗이 기도한 것처럼 마음의 검진을 위한 기도를 하나님께 드리며 당신의 마음을 있는 그대로 하나님께 노출시켜라.

우리를 사로잡는 가치

최고 몸값 : 하나님

미국 메이저리거 시절이었던 2002년, 박찬호는 텍사스 레인즈스와 5년에 6,500만 불의 계약을 맺어 화제가 된 적이 있다. 분명 엄청나게 큰돈이지만, 메이저리그에는 이보다 더 많은 돈을 받는 선수들이 상당수 있다. 예를 들어 데이저리그 최고 몸값을 받는 뉴욕 양키스의 알렉스 로드리게스는 연봉이 362억 원이다. 그는 매달 30억 원 이상의 돈을 번다. 할리우드에서 최고 몸값을 받는 조니 뎁은 "캐리비안의 해적"이라는 영화에 출연하면서 한 편당 280억 원을 받았다. 여기다 광고와 같은 부수입까지 하면, 수입은 천정부지로 솟는다. 맨시티의 호비뉴라는 축구 선수는 3,250만 파운드, 한국 돈으로 계산하면 약 616억 원이라는 최고의 이적료를 받았다. 지금은 주가가 많이 떨어졌지만 한때 골프 황제 타이거 우즈는 한 해 850억 원을 벌었다. 매주 16억씩, 매일 2억 3천씩 버는 셈이다. 2011년도 CEO 중에 최고 몸값을 받는 사람은 미국 최대 의약품 및 보건의료 정보기술IT 시스템 공급업체 매케슨의 존 해머그린으로 총 1억 3,129만 달러를 벌었다. 우리 돈으로 계산하면 연봉이 1,500억 원 정도 된다. 매주 29억, 매일 4억 2천이 그의 통장에 쌓인다.

이들이 이 정도의 대우를 받을 가치가 있는 사람들인가? 사람마다 생각이 다를 것이다. 그러나 누군가는 이들의 가치를 인정했고 그에 상응하는 대우를 한 것이다.

이 세상에서 최고로 가치 있는 존재가 누구라고 생각하는가? 위에 열거한 고액 연봉자들인가? 대국의 힘으로 세상을 움직이는 오바마나 후진타오 같은 정치 지도자들인가? 교황이나 빌리 그레이엄 같은 종교 지도자들인가? 노벨 문학상을 받은 귄터 그라스나 탁월한 영화를 만드는 스티븐 스필버그 같은 문화예술인들인가? 천문학적 부를 소유하고 세계의 경제시장을 주무르는 빌 게이츠나 워렌 버핏 같은 부자들인가? 물론 이들은 대단한 사람들이다. 그러나 우리가 기억해야 할 사실이 있다. 아무리 뛰어난 재능과 힘을 가졌다 해도, 아무리 탁월한 업적을 이루었다고 해도 이들은 다 우연적이고 부수적인 존재라는 사실이다. 이들이 없어도 세상은 별 문제없이 흘러간다. 또 다른 정치가가 나올 것이고 또 다른 예술인이 등장할 것이다. 그러나 딱 한 존재, 그가 없이는 우주도 세상도 없는 존재, 철학에서 '필연적인 존재'Necessary Being라고 일컫는 존재가 있다. 그렇다. 그분은 바로 하나님이시다.

하나님의 '몸값'은 얼마나 될까? 물론 하나님은 몸이 없는 영적 존재이시기 때문에 몸값이라는 말은 은유적인 표현이다. 생각해 보라. 하나님이 야구 선수라면 그분은 10할대 타자요, 방어율 0.00, 승율 100%의 피처이다. 하나님이 학자라면 노벨상을 휩쓸어 버리실 것이다. 하나님이 CEO라면 그 회사는 하루 아침에 세계의 경제 흐름을 바꾸어 놓을 것이다. 물론 하나님은 이보다 훨씬 더 중요한 일을 하신다. 그분은 당신께서 말씀 한마디로 창조하신 온 우주를 손에 쥐고 계시며 하늘과 땅의 모든 것들을 다스리신다. 그분은 그 누구의 도움도 받지 않고 필요로 하지 않으신다. 그분은 영원부터 영원까지 홀로 하나이신 절대자이시다. 하나님보다 더 가치 있는 존재는 이 세상에 없다. 그분보다 더 똑똑하고 능력 있고 선한 존재는 없다. 우리는 그분의 가치를 인정하는가? 그 가치에 상응하는 대우를 해 드리는가? 불행하게도 오늘날 많은 사람들은 하나님의 가치를 모른다. 교회에 다니지 않는 사람은 말할 것도 없고 그리스도인이라고 일컫는 우리도 그분의 가치를 제대로 평가하지 못한다. 어쩌면 그분은 이 세상에서 가장 평가절하된 존재인지 모른다. 수없이 많은 사람들이 그분의 가치는 물론이거니와 그분의 존재 자체에 대해서도 잘 알지 못한 채 산다.

하나님을 아는 지식

하나님이 존재한다는 사실을 어떻게 알 수 있는가? 옛 소련의 우주 비행사 유리 가가린이 그랬던 것처럼 우주비행을 나가 그 광활한 우주 공간 어디에선가 하나님의 모습을 찾을 것인가? 하나님의 모습이 보이지 않는다고 가가린처럼 "하나님은 없다!"라고 선포하면 되는가? 대부분의 사람들은 그 정도로 무모하거나 무식하진 않다. 하나님이 우리처럼 물리적 실체를 갖고 계신다고 생각하는 사람은 많지 않다. 그분은 우리 눈에 보이지 않는다. 그러면 우리는 어떻게 그분의 존재를 알 수 있는가? 철학자들이나 신학자들은 가가린보다는 더 나은 시도를 했다. 그들은 이성적이고 합리적인 방법으로 하나님의 존재를 증명하려 했다.

하나님의 존재에 대한 철학적인 논증에는 10가지가 넘는 유형이 있다. 그 가운데 가장 잘 알려진 것은 중세 스콜라 신학의 대표학자 토마스 아퀴나스Thomas Aquinas가 정리한 '우주론적 논증'과 '목적론적 논증'이다.[31] 우주론적 논증은 모든 사건에는 원인이 있다는 전제 하에 우주도 시작이 있었던 사건이므로 그 원인을 가지고 있다는 것이고, 목적론적 논증은 모든 디자인은 디자이너를 내포한다는 전제를 출발점으로 우주는 디자인을 드러내므로 반드시 그 디자이너가 있어야 한다고 추론하는 것이다.

우주비행사였던 케플러는 아퀴나스가 말로 한 논증을 실제 실험으로 옮겼다. 그에게는 우주가 저절로 존재한다면서 하나님이 없다고 주장하는 친구가 있었다. 그 친구에게 하나님의 존재를 확신시키려고 고민하던 케플러는 아주 정교한 태양계의 모델을 만들기로 작정했다. 모델이 완성된 후 그는 친구를 초대해서 기가 막히게 아름답고 고도로 정밀한 태양계의 모델을 보여 주었다. 친구는 감탄을 연발하며 "아, 정말 너무도 아름답군. 도대체 누가 이런 작품을 만들었을까?"라고 말했다. 케플러는 무표정한 얼굴로 짐짓 딴청을 피며 대답했다.

"누가 만들기는? 아무도 만든 사람이 없다네. 이건 저절로 있는 거야."

친구는 이상한 표정으로 그를 쳐다보며 "말도 안 되는 소리 말고 누가 만들었는지 어서 말해 줘."라고 대답을 재촉했다. 케플러에게서 아까와 같은 대답을 듣자 친구는 혼돈스럽고 화가 난 표정으로 "농담 말게, 이 사람아. 누굴 바보로 아나?"라고 항의했다. 케플러는 친구의 눈을 똑바로 보며 이렇게 말했다.

"이보게. 자네가 이 모형이 저절로 만들어진 걸 못 믿겠다면 어떻게 이 모형의 궁극적 실재인 저 위대한 우주가 저절로 존재한다고 말할 수 있는가?"

케플러의 친구는 그날 분명 자신의 모순된 반응에 대해 깊은 생각을 했을 것이다. 이 이야기에서 보듯이 이런 식의 논증은 하나님의 존재를 추론하는 데 상당히 유용하다. 그러나 관찰과 이성적 논증을 통한 하나님의 지식에는 한계가 있다. 그것은 단지 우주를 만든 창조주가 존재한다는 정도의 정보만을 줄 뿐이다. 참된 하나님이 어떤 분이며 그분의 가치가 어떠한가는 우리의 이성과 지식을 넘어선 문제이다. 아무리 똑똑한 철학자, 아무리 훌륭한 과학자라 하더라도 자신의 지적 노력만으로는 하나님의 본질과 가치를 알 수 없다. 그래서 기독교적 인식론의 중심에는 계시啓示가 있는 것이다. 계시란 하나님께서 자신을 알려 주신다는 의미이다. 그 계시에 의해서 우리는 하나님이 어떤 분인지를 아는 것이다. 사실 이 말은 하나님이 아닌 다른 인격체, 즉 인간에 대해서도 말할 수 있다. 옥스퍼드 출신의 신학자 제임스 패커가 자신의 역작『하나님을 아는 지식』 *Knowing God*에서 지적한 것처럼 인격체를 아는 지식은 그 인격체가 자신을 열어 보여 주는 만큼만 가능하다.[32] 사람도 그러하다면 하물며 하나님이랴! 다행히 하나님은 우리에게 자신이 어떤 분이신지를 친절히 알려 주셨다. 그분의 만드신 바 자연을 통해서 계시한 것 외에 신학자들이 소위 '특별계시'라고 일컫는 성경과 그 아들 예수 그리스도를 통해 자신을 구체적으로 드러내 보여 주신 것이다. 물론 예수 그리스도는 오늘날 이 땅에 계시지 않고 그분의 삶과 성품은 그 제자들에 의해 성경에 기록되어 있다. 그러므로 우리가 하나님의 어떠하심과 그 가치를 알기 위해서는 반드시 성경을 깊이 상고해야 한다.

하산? 무슨 소리!

우리가 하나님의 가치에 대해 생각하기 전에 또 짚고 넘어가야 할 사실은 '하나님의 불가해성'에 대한 것이다. 기독교의 하나님은 우리 인간이 다 이해할 수 없는 분이시다. 물론 하나님이 불가해不可解하다는 것은 우리가 하나님을 전혀 알 수 없다는 뜻이 아니다. 그것은 하나님에 대한 지식의 불가능함을 주장하는 불가지론과는 다르다. 우리는 하나님을 알 수 있다. 그것도 올바로 알 수 있다.

하나님이 불가해하다는 것은 어느 누구도 완전히 하나님을 이해할 수 없음을 의미한다. 시편 145:3에서 다윗은 하나님의 광대하심에 대해 노래하면서 "그의 위대하심을 측량하지 못하리로다."라고 말했다. 바울은 "깊도다 하나님의 지혜와 지식의 풍성함이여, 그의 판단은 헤아리지 못할 것이며 그의 길은 찾지 못할 것이로다."롬 11:33라고 감탄했다. 하나님은 우리를 초월해 계시는 분이다. 우리는 영원토록 그분을 완전히 알 수 없을 것이다. 신적 실체의 깊이는 측량할 수 없다. 우리가 그분에 대해 아는 모든 것은 다 부분적일 따름이다. 사실 하나님을 완전히 알 수 없다는 것 자체가 하나님의 가치를 말해 준다. 한두 번 만나 그 인간됨을 다 짐작할 수 있는 사람이라면 그 사람은 별 가치가 없는 사람이다. 그러나 괜찮은 사람일수록 쉽게 그 속을 헤아릴 수 없고 그 인격의 깊이를 가늠하기 어렵다.

또한 하나님이 불가해하다는 것은 하나님에 대한 우리의 지식이 제한되어 있음을 의미한다. 이사야 선지자는 "하늘이 땅보다 높음 같이…내 생각은 너희의 생각보다 높음이니라."사 55:9고 말했다. 하나님의 초월성뿐 아니라, 인간의 제한성 때문에 우리는 하나님을 완전히 알지 못한다. 특별히 죄는 하나님에 대한 지식의 가능성을 현저히 제한한다. 그러므로 하나님을 알기 원하는 자는 경건한 삶을 추구하면서 겸손히 하나님께 나아가야 한다.

하나님은 불가해한 존재이기 때문에 우리가 하나님을 '너무 많이' 알게 되는 일은 결코 없다. 우리가 아무리 많이 알아도 여전히 그것은 부분적인 지식에 불과하다. 하나님을 아는 것은 우리 평생의 열정이 되어야 한다. 날이 갈수록 그분의 가치는 우리를 더 압도할 것이다. 중국 무협소설을 보면 오랜 시간 무술을 연마한 제자에게 스승이 땀을 닦으며 이렇게 말한다.

"이제는 더 가르칠 것이 없구나. 하산하거라."

그러나 하나님을 아는 여정에는 결코 하산이란 없다. 우리는 점점 그분께 빠져들고 그분의 크고 선하심에 놀라게 될 것이다.

오직 한 분 The One and Only

하나님의 가치를 신명기 6:4만큼 간결하게 잘 표현한 구절이 있을까? 이스라엘 민족들이 '쉐마'라고 일컬으며 매일 아침저녁으로 암송하는 이 구절은 이렇게 선포한다. "이스라엘아 들으라 우리 하나님 여호와는 오직 유일한 여호와이시니." 이것은 하나님의 '독특성'uniqueness에 대해 말하는 것이다. 즉 온 우주에 하나님 같은 존재는 없다는 의미이다. 물론 이 세상에는 신神이라 불리는 것들이 많이 있다. 지리산이나 계룡산 같은 데 가면 만날 수 있는 신부터 시작해서 컴퓨터 프로그램으로 기도를 분류해서 자기 애인의 기도를 훔쳐보는 "브루스 올마이티" 같은 첨단의 신도 있다. 이 세상에 있는 모든 신이 마음에 들지 않으면 250달러를 내고 할리우드의 여배우에서 뉴에이지 종교의 여사제로 업종전환을 한 셜리 맥클레인의 뉴에이지 세미나에 가든지 지리산으로 들어가라. 그러면 개인 브랜드를 가진 신이 될 수 있다. 중학교 때 나는 『그리스 로마 신화』에 심취했다. 거기 나오는 수많은 신들 그리고 그들의 극적인 전쟁과 영웅들의 이야기에 취해 몇 번씩 읽어 줄거리를 거의 외우다시피 했다. 그러나 그리스-로마의 신들은 인간보다 조금 클 뿐 본질적으로 인간과 별로 다른 점이 없었다. 그들은 질투하고 서로 싸우고 음모를 꾸미고 부도덕한 일을 행했다.

성경의 하나님은 인간이 만들어 낸 그 어떤 신과도 같지 않다. 그분은 온 우주를 창조하신 분이시며 시작도 끝도 없으신 영원하신 분이시다. 그분은 지정의를 지닌 인격체이시지만 전지전능하시며 절대적으로 선하신 분이기도 하다. 그분은 부족함이 전혀 없으며 완전히 자유롭고 온 우주 만물 가운데서 존재의 필연성을 지니신 유일한 분이다. 그분은 또한 한없이 친절하고 사랑으로 충만하신 분이기도 하다. 그러나 동시에 그분은 불변의 기준을 제시하시고 그것으로 세상을 심판하실 심판자이기도 하시다. 그분은 비록 지금 우리의 눈에 보이지는 않지만 역사를 이끌고 가시며 언젠가 때가 차면 모든 것을 판단하시고 만물을 새롭게 하실 것이다.

인간은 하나님의 참된 가치를 스스로 알 수 없다. 우리는 하나님이 자신을 드러내시는 만큼만 그분을 알 수 있다. 그러므로 우리는 하나님을 알아 가는 과정에서 그분께 의존해야 한다. 그 말은 우리가 하나님을 그저 학문적 연구의 대상으로 취급해서는 안 된다는 뜻이다. 성령의 조명 가운데서 성경을 읽고 묵상하며 하나님과의 친밀한 관계를 개발시켜 나갈 때 하나님의 참된 가치를 알게 된다.

하나님은 놀라운 분이시다. 그분과 같이 크신 분은 없다. 로버트 웰즈Robert Wells라는 사람은 『흰긴수염고래가 가장 큰 것인가?』*Is a Blue Whale the Biggest Thing There Is?*라는 책에서 상상할 수 없는 우주의 크기로 우리를 인도한다.[33] 흰긴수염고래는 지상에서 가장 큰 동물이다. 몸길이가 무려 32m에 달하며 무게는 150톤이다. 그 꼬리지느러미 하나가 이 세상 대부분의 동물보다 크다.

그렇지만 흰긴수염고래는 산山의 크기에 턱없이 못 미친다. 만약 100마리의 흰긴수염고래를 엄청나게 큰 통에다 넣는다고 하자. 그런 통 수백만 개를 가져도 에베레스트 산을 못 채운다. 그러나 에베레스트 산이 아무리 크다 해도 지구의 크기와 비교하면 그 근처에도 못 간다. 만약 100개의 에베레스트 산을 포개 놓는다고 해도 지구 전체의 크기를 고려해 보면 그것은 지표면에서 약간 더 올라간 것밖에 안 된다.

그렇지만 그 지구도 태양에 비교하면 그야말로 조족지혈이다. 태양의 속을 파고 지구를 그 안에 집어넣는다면 100만 개를 넣을 수 있다. 그러나 태양은 그저 중간 사이즈의 별로서 초대형 별인 안타레스의 크기와는 게임이 안 된다. 그 거대한 별의 크기는 태양 5천만 개와 맞먹는다.

그렇지만 안타레스는 은하계의 크기에는 명함도 못 내민다. 은하계는 안타레스와 무수한 항성과 행성 등 수십억만 개의 별들로 이루어져 있다. 그러나 그 은하계는 우주 전체의 크기에 비하면 장난감과 같다. 우주에는 은하계 같은 소우주가 수십억만 개는 있다. 그러나 수십억만 개의 소우주로 채워져 있어도 우주가 얼마나 큰지 그것은 거의 비어 있다. 한 은하에서 다른 은하까지의 거리는 상상을 초월한다. 예를 들어, 우리가 초속 30만 km의 빛의 속도2초 만에 달에 도달할 수 있는 속도로 지구에서 천체망원경으로 관찰되는 지역까지 여행하려면 무려 120억 년을 가야 한다. 그 뒤에 또 무엇이 있을지 우리는 도무지 알지도, 상상하지도 못한다. 이 광대한 우주를 창조하신 분이 하나님이시다. 그것도 그분의 말씀 한마디로 이 우주와 그를 넘어선 모든 것이 생겨났다. 그리고 이 모든 것을 그 강한 능력으로 지금도 붙들고 계신다. 사실 성경은 하나님께서 이 모든 것들을 없는 것처럼 여기신다고 말씀한다.사 40:12-26

하나님은 이렇게 크신 분이다. 복음주의 신학자인 밀라드 에릭슨Millard Erickson은 하나님의 크심을 논하면서 전능함과 같은 물리적 크기, 무소부재無所不在성과 같이 공간적인 크기 그리고 영원성과 같은 시간적인 크기를 지적했다.[34] 물리적이든, 공간적이든, 시간적이든 그분은 한계를 모르시는 분이다. 그 누구도, 그 무엇도 하나님보다 크지 않다. 그러나 동시에 그분은 지극히 선하신 분이다. 거룩하시고 의로우시며 진실되고 신실하시다. 무엇보다도 그분은 우리를 사랑하시며 우리에게 은혜를 베푸신다.

존 오트버그는 『생각보다 가까이 계시는 하나님』God is closer than you think이라는 자신의 책에서 한 젊은 사업가와의 만남에 대해 말한다.[35] 그 사업가는 오트버그의 비행기 옆 좌석에서 노트북 컴퓨터를 열어 놓고 있었는데, 바탕화면이 막 걸음마를 시작한 금발의 어린 사내아이 사진이었다. 오트버그는 "아드님이신가 보죠?"라고 물었다. 그것은 큰 실수였다.

입이 근질근질했던 외아들의 아버지에게 딱 걸린 것이다. 그 남자는 오트버그의 질문을 기다렸다는 듯이 사진에 있는 한 살짜리 아들에 대해 쉬지 않고 말하기 시작했다. 그는 자기 아들이 첫 걸음마를 하고 처음으로 말을 했던 이야기를 너무나 놀랍다는 듯이 말했다. 마치 자기 아들이 그 동작과 언어를 발명이라도 한 듯한 태도였다. 그는 전자수첩에 있는 아들의 최근 사진들을 해설까지 곁들이며 하나하나 보여 주다가 "그 아이가 너무 보고 싶어요!"라고 말한 뒤 이렇게 덧붙였다. "한동안은 하루에도 수백 번이나 이 사진들을 봤어요. 아무리 봐도 질리지를 않아요." 오트버그는 지겨움을 꾹 참고 물었다. "정말 아들을 보고 싶어 하시는군요. 집을 떠나신 지 얼마나 되셨나요?" 그는 대답했다. "어제요."

그 순간 오트버그는 깨달았다고 했다. 자신이 하나님의 바탕화면에 있는 그 아이라는 사실을 말이다. 별로 특별한 것이 없는 평범한 아이였지만, 그 또래의 모든 아이들이 매일 하는 똑같은 행동을 하지만, 아버지의 시선으로 바라보았기 때문에 아들에게 마음을 빼앗겨 버린 그 젊은 사업가처럼 하나님은 그렇게 우리를 사랑하신다. 우리의 비틀거리는 발걸음과 더듬거리는 말을 경이로움으로 바라보신다. 우리에게 무언가가 있어서가 아니다. 하나님이 선하시고 은혜로우시고 사랑이시기 때문이다. 그래서 아무 이유 없이 우리를 자녀 삼아 주시고 사랑해 주시며 아버지의 시선으로 바라봐 주시는 것이다.

하나님은 크고도 선하신 분이시다. 그분은 우리가 귀하게 생각하는 그 어떤 것보다도 귀한 존재이시다. 특별히 그분의 능력과 사랑을 개인적으로 경험한 우리에게는 더욱 그렇다. 사람들이 죽음을 직면하게 될 때 평소 중요하게 생각하던 돈과 세상의 일들과 열심히 모으던 명품 같은 것들은 하나도 중요하지 않게 된다. 그 대신 하나님은 점점 더 중요하게 된다. 미국의 위대한 정치가 다니엘 웹스터Daniel Webster는 자신이 했던 생각 중에 가장 위대한 생각은 무엇이었느냐는 질문에 주저함 없이 "하나님이요!"라고 대답했다. 하나님은 우리의 인생을 가치 있게 하실 수 있다. 하나님과 같은 분은 없다. 나는 세상의 모든 것을 다 준다 해도 하나님과 바꾸지 않겠다. 하나님이 나의 하나님 되신 것보다 더 큰 축복은 없으며 하나님이 나와 함께하시지 않는 것보다 더 구서운 형벌은 없다. 다윗은 이 크고도 위대하신 하나님을 묵상하며 시편 145:1-9에서 이렇게 노래했다.

왕이신 나의 하나님이여

내가 주를 높이고

영원히 주의 이름을 송축하리이다

내가 날마다 주를 송축하며

영원히 주의 이름을 송축하리이다

여호와는 위대하시니 크게 찬양할 것이라

그의 위대하심을 측량하지 못하리로다

대대로 주께서 행하시는 일을 크게 찬양하며

주의 능한 일을 선포하리로다

주의 존귀하고 영광스러운 위엄과

주의 기이한 일들을 나는 작은 소리로 읊조리리이다

사람들은 주의 두려운 일의 권능을 말할 것이요

나도 주의 위대하심을 선포하리이다

그들이 주의 크신 은혜를 기념하여 말하며

주의 의를 노래하리이다

여호와는 은혜로우시며 긍휼이 많으시며

노하기를 더디 하시며 인자하심이 크시도다

여호와께서는 모든 것을 선대하시며

그 지으신 모든 것에 긍휼을 베푸시는도다

'다하여'의 사랑

이 가치 있는 하나님에 대해 우리는 어떻게 반응해야 하는가? 본 장의 서두에서 꺼낸 은유를 사용하자면 얼마만큼의 몸값을 우리는 그분에게 지불해야 하는가? 이 질문에 대한 대답은 신명기 6:5에 명쾌하게 서술되어 있다. 하나님의 가치를 단 한마디로 설파한 모세는 그 다음 구절에서 "너는 마음을 다하고 뜻을 다하고 힘을 다하여 네 하나님 여호와를 사랑하라."고 권면한다. 최고의 가치이신 하나님을 존중하는 삶은 마음을 다하고 뜻을 다하고 힘을 다하여 그분을 사랑하는 삶으로 우리를 이끈다. 그냥 일주일에 한 번 형식적으로 예배나 참석하고 마음의 평안을 위해 종교활동을 하는 데 그친다면, 그것은 그가 하나님의 진정한 가치를 모른다는 사실을 나타낸다. 교회에서 봉사를 한다 해도 어떤 의무감에서 억지로 하거나, 일 자체에 대한 매력이나 열정으로 한다면 그 또한 하나님의 가치에 대한 무지를 드러내는 것이다.

나는 대학 때 록 음악에 빠졌던 적이 있었다. 아직 예수님을 믿지 않던 때라 그 영향력은 정말 굉장했다. 한번은 길을 가다가 내가 정말 좋아하던 그룹의 원판을 보았는데, 가격이 비싸 가진 돈으로 살 수가 없었다. 당시는 '백판'이라고 일컫던 값싼 해적판을 사서 듣곤 했다. 그래서 이모부님이 고등학교 졸업 선물로 사 주신 고급가죽재킷을 벗어 전당포에 잡히고 빌린 돈으로 LP판을 샀다. 그 당시 나에게는 비싼 가격이었지만, 하나도 아깝지 않았다. 그래서 한 겨울 티셔츠 바람으로 덜덜 떨면서 판을 사 가지고 왔다.

어떤 것의 가치를 아는 사람들은 그것을 너무 사랑하기 때문에 어떤 희생도 기꺼이 한다. 한 일본 사업가는 2004년 경매에서 피카소의 〈파이프를 든 소년〉이라는 그림을 1,200억 원을 주고 샀다. 가치를 알았기 때문에 그 엄청난 거금을 기꺼이 주었다. 그러나 아무리 돈이 많다 하더라도 그 가치를 모른다면 그것은 미친 짓에 불과하다.

하나님의 가치를 아는 사람은 마음과 뜻과 힘을 다하여 그분을 사랑한다. 마음과 뜻과 힘이라는 말은 전 인격적인 사랑을 뜻한다. 단순한 지적 동의나 감정의 유희가 아니라 지정의, 모든 것을 동원한 사랑이다. 나는 3년 전쯤 한 기독교 선교단체의 수련회에 강사로 간 적이 있다. 찬양의 열정이 얼마나 뜨겁던지… 자리에서 일어나라고 인도자가 말한 적이 없음에도 찬양하면서 사람들이 막 일어나는 것 같았다. 느낌이 이상해서

힐끗 뒤돌아보았더니 나만 빼고 거의 다 일어나 있었다. 그들은 펄쩍 뛰면서 손을 들고 눈물을 흘렸다. 기도 소리는 또 얼마나 크던지 온 강당이 떠나갈 듯 했다. 그 정도면 세상이 금방이라도 뒤집힐 것 같았다. 그러나 그것이 찻잔 속의 태풍으로 그쳤다면 우리의 사랑이 전 인격적인 사랑이 아니었기 때문이리라. 그저 감정에 이끌린 신앙, 분위기에만 빠져서 그것으로 그치는 예배는 하나님의 가치에 전혀 합당하지 않다. 윌버 리스Wilber Rees는 그런 사람을 생각하면서 이렇게 비꼬았다.

> 나는 그저 3달러 정도만큼의 하나님만 사고 싶습니다. 내 영혼을 폭발시키거나 내 잠을 방해하지 않는, 그러나 따뜻한 한 잔의 우유나 온화한 햇살 속의 졸음 정도에 해당하는 하나님을 원합니다…나는 황홀경을 원할 뿐 변화를 원치 않습니다. 모태의 따뜻함을 원할 뿐 새로운 탄생을 원치 않습니다. 종이 봉지 속에 한 근 정도의 영원을 담아 주십시오. 나는 그저 3달러 정도만큼의 하나님만 사고 싶습니다.[36]

물론 우리는 하나님을 예배할 때 감정적으로 뜨거워야 한다. 열정을 다해야 한다. 그러나 하나님의 가치를 아는 사람은 감정뿐 아니라 지성과 의지와 내 모든 것을 드려 전 인격적으로 그분을 사랑한다.

뿐만 아니라 하나님의 가치를 존중하는 사람은 그분을 헌신적으로 사랑한다. '다하여'의 사랑을 하는 것이다. 빌리 그레이엄Billy Graham이 자신의 부흥집회에서 읽었던 한 미국 대학생의 편지는 수많은 그리스도인들을 부끄럽게 했는데, 이는 '다하여'의 헌신이 어떤 것인가를 잘 묘사해 준다. 그 대학생은 멕시코에서 공산주의자로 돌아섰는데 자기 약혼녀에게 약혼을 파기해야 할 이유를 설명하기 위해 다음의 편지를 썼다.

우리 공산주의자들은 사상률이 높아…우리는 가난과 싸워야 하며 우리가 생존하는 데 절대적으로 필요한 돈 이상의 것은 다 당에 헌납하지. 우리 공산주의자는 영화나 콘서트에 가거나 티본스테이크를 먹거나 좋은 집이나 차를 살 돈이나 시간이 없어. 우리는 광신자로 묘사되며 실제로 광신자들이야. 우리의 삶은 세계의 공산화라는 한 위대한 요소에 의해 지배당하지. 우리 공산주의자는 어떤 큰돈으로도 살 수 없는 인생의 철학을 가지고 있어. 우리는 싸워야 할 이유가 있고 삶의 분명한 목적이 있어. 우리는 우리의 사소하고 개인적인 자아를 인류의 위대한 운동에 복종시키지….

내게 참으로 죽음보다 더 절실하고 진지한 한 가지 일이 있다면 그것은 공산주의의 일이야. 그것은 나의 삶이며 사업이며 종교이며 취미이며 애인이며 아내며 정부이며 빵이며 고기이지. 나는 낮에 그것을 위해 일하며 밤에 그것의 꿈을 꾸어. 시간이 갈수록 그것의 내 영혼에 대한 지배는 더 커지고 작아지지 않아. 따라서 나는 내 인생을 인도하고 몰아가는 이 일과 관련이 없는 우정, 사랑, 심지어는 대화조차도 계속할 수가 없어. 나는 사람들과 책들과 아이디어들과 행동들을 그것들이 공산주의에 어떤 태도를 가지며 공산주의의 일에 어떻게 영향을 미치는가로 평가해. 나는 내 사상으로 인해 이미 감옥에 갔었고 필요하다면 사형을 집행하는 사격조들 앞에도 기꺼이 설 준비가 되어 있어.[37]

이게 헌신이고, '다하여'의 사랑이다. 나는 이 글을 읽으면서 우리에게 하나님이 지금은 수명이 다한 공산주의 이념만큼의 가치도 되지 않는지 스스로에게 물었다. 그것은 나를 수치스럽게 그리고 고통스럽게 만드는 질문이었다. 하나님의 가치를 아는 사람은 그분에게 올인한다. 두 마음을 품지 않으며 그분에게만 궁극적 충성을 바치려 할 것이다.

우리가 정말 하나님의 가치를 존중한다면, 그분을 마음과 성품과 힘을 다해 사랑한다면 그것은 우리의 공적 예배에 혁명을 일으킬 것이다. 예배란 하나님의 가치를 인정하는 것이 아니던가? 그분의 가치에 합당한 존경을 표하는 것이 아니던가? 예배드릴 때 우리는 이 세상의 그 어떤 것과도 비교할 수 없는 전능자이시며 온 천지를 말씀으로 창조하시고 그 손에 모든 우주를 쥐고 계신 조물주 앞에 서 있는 것이다. 그 가치를 아는 사람이라면 주일마다 습관적으로 예배에 늦지 않을 것이다. 그 가치를 아는 사람이라면 전화 소리나 문자 메시지에 신경 쓰면서 예배실을 왔다 갔다 하지 못할 것이다. 그 가치를 아는 사람이라면 옆 사람과 장난하거나 시종일관 졸면서 앉아 있을 수 없을 것이다. 우리는 그분을 사랑하고 찬양하고 예배하는 일에 완전히 빠져서 다른 것이나 사람들은 중요하지 않게 되거나 눈에 잘 들어오지도 않게 될 것이다. 우리의 마음은 하나님으로 가득 찰 것이다.

하나님의 가치를 존중한다면, 그래서 그분을 마음과 성품과 힘을 다해 사랑한다면, 그것은 우리의 개인적인 삶에도 혁명적인 변화를 가져올 것이다. 그것은 우리의 모든 인간관계와 선택과 결정과 말에 영향을 미칠 것이다. 우리는 세상의 모든 사상과 철학과 운동^{movement}과 예술과 문화를 하나님의 기쁨과 연관해서 평가할 것이다. 모든 의견과 생각과 말을 하나님의 말씀에 비추어 판단할 것이다. 우리는 진정으로 하나님 나라와 그 의를 그 어떤 것보다도 우선되게 구하려 할 것이다. 그리고 기쁘게, 자랑스럽게 그분의 부르심에 응답하여 어떤 희생이든 감수하려 할 것이다.

Above All

CCM 가수인 마이클 W. 스미스가 불러서 유명해진 "Above All"^{모든 능력과 모든 권세}이라는 찬양이 있다.

> 모든 능력과 모든 권세
>
> 모든 것 위에 뛰어나신 주님
>
> 세상이 측량할 수 없는 지혜로
>
> 모든 만물 창조하셨네
>
> 모든 나라와 모든 보좌
>
> 이 세상 모든 경이로움보다
>
> 이 세상 모든 값진 보물보다
>
> 더욱 귀하신 나의 주님
>
> 십자가 고통당하사 버림받고 외면당하셨네
>
> 짓밟힌 장미꽃처럼 나를 위해 죽으셨네
>
> 나의 주

모든 것 위에 뛰어나신 그 하나님은 바로 나를 무엇보다도 사랑하셔서 나를 위해 십자가의 모든 고통을 당하시고 나를 대신하여 죽으신 분이기도 하시다. 그 하나님께 삶을 드리지 않겠는가? 그분을 섬기고 영원히 그분의 이름을 높이지 않겠는가?

하나님 나라의 진주를 구하다

_9장 최고 몸값 : 하나님

1. 당신이 만약 누군가의 몸값을 결정할 수 있는 사람이라면 이 세상에 존재하는 사람들 가운데서 누구에게 가장 최고의 몸값을 주겠는가? 그 이유는?

2. 당신이 아는 하나님을 한 문장으로 표현한다면?

3. 하나님의 불가해성에 대한 교리가 당신에게 가르쳐주는 영적 교훈은 무엇인가? 그것은 당신의 경건생활에 어떤 영향을 미치겠는가?

4. 이사야 40:12-31을 읽고 하나님의 크심에 대해 묵상하라. 이 구절은 당신에게 어떤 의미가 있는가?

5. 하나님의 크심과 선하심 외에 하나님의 독특성에 대해 당신이 말할 수 있는 것은 무엇인가?

6. "마음과 정성과 힘을 다하여" 하나님을 사랑하라그 한 신명기 기자의 권면에 비추어 당신의 예배생활을 평가하라. 하나님에 대한 당신의 사랑과 헌신은 어떤 식으로 드러나는가?

7. 다시 한 번 홀로 한 분이신 하나님을 묵상하고 저자
   가 인용한 마이클 스미스의 "above all"을 부르며 주님
   을 찬양하고 예배하라.

하나님이 찾으시는 보배 : 잃어버린 사람

아내는 대학을 졸업하고 고등학교 교사를 2년 정도 했다. 첫 월급을 받아 당시 데이트 중이던 내게 상당히 비싼 명품 넥타이를 선물로 사 주었다. 잘은 모르지만 그런 명품 브랜드를 가진 것은 그때가 처음이었다. 브랜드도 브랜드지만 디자인과 색깔이 너무 마음에 들었다. 나는 그것을 얼마나 소중히 여겼는지 모른다. 한번은 집 앞의 세탁소에 드라이를 맡겼는데 그 세탁소에 불이 났다. 애지중지하던 넥타이는 한 줌도 안 되는 재로 변했다. 다시 돌이킬 수도 없고, 누구에게 물릴 수도 없었다. 아무리 아까워도 가게를 다 태워 먹고 망연자실한 작은 세탁소 주인에게 변상을 요구할 수는 없는 일이었다. 혼자서 머리를 쥐어뜯으며 불평할 수밖에….

반지, 디지털카메라, 명품 선글라스같이 자산목록 1호로 여기는 소중한 어떤 것을 잃어버린 적이 있는가? 모르긴 몰라도 한동안 상실의 아픔에서 헤어나지 못했을 것이다. 물론 물건이 아무리 소중하다 해도 사람에 비할 수는 없는 법이다. 가족이나 친구와 같은 사랑하는 이를 잃은 사람은 그 상실감이 얼마나 큰지 말로 표현할 수 없다. 딸아이가 상당히 어렸을 때의 일이다. 예배를 마치고 집에 가려는데 풀잎이가 보이지 않았다. 처음에는 어디 있겠지 했는데 아이가 나타나지 않았다. 예배당과 교실과 화장실을 뒤졌지만 아이가 없었다. 가슴이 덜컥하면서 혹시 없어진 건 아닐까라는 생각이 들자 그때부터 마음이 타들어 가기 시작했다.

하나님께서도 가장 귀하게 생각하시는 보배를 잃어버리신 경험이 있다. 그분의 잃어버린 보배가 무엇이라고 생각하는가? 그분이 가장 심혈을 기울여 만드셨던 최대의 걸작품, 그분의 보시기에 "아주 좋았던" 그 생명체! 그렇다. 바로 사람이었다. 하나님의 형상대로 만든 사람이 사탄의 유혹에 빠져 하나님의 곁을 떠났다. 그러나 그 잃어버린 사람은 지금도 여전히 하나님의 마음에 있다. 그가 어떤 신분인지, 얼마나 많은 것을 가지고 있는지, 얼마나 많이 배웠는지 등은 하나도 중요하지 않다. 외모와 조건과 배경에 상관없이 한 사람, 한 사람이 다 그분의 보배이다. 하나님은 지금도 이 보배를 찾기 원하신다. 잃어버린 자녀를 찾는 부모의 심정으로, 아니 그보다 더한 간절함으로 그분은 사람들을 찾고 계신다.

최고의 보배

잃어버린 사람이 하나님께 얼마나 중요한가를 알려면 누가복음 15장을 보면 된다. 거기에는 세 가지 비유가 연달아 나와 있다. 잃어버린 양, 잃어버린 동전, 잃어버린 아들의 비유이다. 이 세 가지 다 무언가를 잃어버렸다가 다시 찾는다는 동일한 주제의 이야기가 진행되고 있다. 성경 전체를 통해서 같은 주제의 이야기가 세 번 연속적으로 나오는 경우는 누가복음 15장밖에 없다. 왜 그럴까? 상식적으로 어떤 사람이 무언가를 반복해서 말한다면 그것은 그 말이 너무도 중요하기 때문임을 우리는 안다. 예수님께서 이 세 가지 같은 주제의 이야기를 반복하신 것은 잃어버린 사람을 찾는 것이 하나님께 얼마나 중요한 일인가를 큰 소리로 외치는 것과 같다.

누가복음 15장에서 예수님이 하셨던 비유의 내용을 살펴보아도 잃어버린 사람이 하나님께 얼마나 중요한지를 어렵지 않게 짐작할 수 있다. 첫 번째 비유가 시작되는 4절을 일단 보도록 하자. "너희 중에 어떤 사람이 양 백 마리가 있는데 그 중의 하나를 잃으면 아흔아홉 마리를 들에 두고 그 잃은 것을 찾아내기까지 찾아다니지 아니하겠느냐." 목자가 아흔아홉의 양을 두고 한 마리 잃어버린 양을 찾는다는 것은 그에게 그 양이 얼마나 소중한가를 웅변적으로 말해 준다. 두 번째 비유인 잃어버린 동전의 이야기에서도 그것은 잘 나타난다. 여인은 재산의 1/10을 잃었다. 열드라크마 가운데 하나를 잃은 것이다. 어떤 학자는 그것이 그 여인의 결혼 지참금이었을 거라고 말하기도 한다. 그 드라크마는 그녀에게 너무도 소중했다. 잃어버린 한 드라크마를 찾기 위해 등불을 켜고 집을 쓸며 찾을 때까지 부지런히 찾는다고 했다.8절 그리고 잃어버린 아들의 경우도 마찬가지다. 유산을 일찍 챙기는 불효막심한 짓을 하고 집을 나간 탕자의 아버지는 날마다 문 앞에 서서 아들이 오기만을 바라고 있다. 저 멀리 점처럼 작은 물체만 보여도 그는 아들인가 싶어 애를 태우며 안달하였으리라. 상당한 시간이 지나 재산을 다 까먹고 거지꼴로 아들이 돌아오자 그 아버지는 "아직도 거리가 먼데 … 그를 보고 측은히 여겨 달려가 목을 안고 입을 맞추었다."20절 우리나라도 그렇지만 고대 유대인들의 경우, 점잖은 사람이 뛰어다니는 모습은 쉽게 볼 수 있는 것이 아니다. 그러나 그는 아들을 너무 사랑했고 소중히 생각했기 때문에 주변의 시선이나 평가는 아랑곳하지 않고 파격적인 행동을 했다. 이 아버지는 물론 우리 하나님 아버지를 상징한다.

잃어버린 사람은 하나님께 너무도 소중한 존재이다. 비록 그들은 하나님을 제대로 알지 못하며, 때로 하나님께 반항하고, 때로 하나님이 죽었다고 말하기도 하며, 하나님이 싫어하시는 행동을 행하지만, 하나님은 여전히 그들을 소중하게 생각하신다. 올챙이 시절을 기억하지 못하는 개구리처럼 우리는 하나님께서 어떻게 그런 사람들을 소중히 여기시는지 이해가 안 간다고 불평하기도 한다. 그래서 예수님 당시의 바리새인들처럼 소위 '죄인'들에 대한 노골적인 적대감이나 편견을 드러내기도 한다.

물론 모든 사람들은 나름대로 좋아하고 싫어하는 대상이 있다. 어떤

 하나님 나라의 진주를 구하다

이는 사람들의 영혼을 도탄에 빠뜨리는 이단을 싫어한다. 어떤 이는 자기만 정의로운 척하면서 문제 제기만 하는 일부 시민단체를 밥맛없어 한다. 우리 교회 집사님 중에는 유명 식품회사 이사가 있는데 그분에게 물어보았더니 농담반 진담반으로 소비자단체가 너무 부담스럽다고 했다. 자신에게는 거의 공포를 유발하는 수준이라는 것이다. 그분 입장으로 보면 이해가 가는 이야기이다. 최근에 많은 사람들은 국민의 세금이나 축내면서 정쟁만 일삼는 무능하고 부패한 정치인들을 혐오하는 것 같다. 다음의 이야기는 그런 사람들에게서 나온 이야기임에 틀림없다.

한강에 수녀와 국회의원이 빠졌다. 두 사람이 팔을 내저으며 살기 위해 발버둥치는 동안 사람들이 모여들어 이 안타까운 광경을 보면서 발을 동동 굴렀다. 곧 구조 요원이 와서 강물에 뛰어들었다. 그는 능숙하게 헤엄을 치더니 먼저 국회의원을 건져 내었다. 사람들이 그를 향해 비난을 퍼붓기 시작했다. "아니, 나약한 저 수녀님을 먼저 구해야지 왜 국회의원부터 구하는가. 권력에 아부하는 인간 같으니라고." 그러자 그는 수녀를 구하기 위해 뛰어들면서 자기를 욕하는 사람들에게 이렇게 내뱉었다. "내가 저 국회의원을 먼저 구한 것은 좀 더 놔둘 경우 온 강물이 오염될까 봐 두려웠기 때문이오!"

요즘의 국회를 보면 많은 사람들이 이 구조 요원의 말에 고개를 끄덕이지 않겠나 싶다. 당신도 싫어하는 대상이 있을 것이다. 너무 싫어서 '지옥에나 가라!'고 쏘아붙이고 싶은 대상도 있을 것이다. 그러나 그게 누구이든 간에 하나님은 그들 모두를 소중히 여기신다.

스스로에게 질문해 보자. 나는 잃어버린 사람을 소중히 생각하는가? 이 질문은 그들이 저지르는 악이나 잘못을 용인하거나 찬성하는가에 대한 것이 아니다. 그냥 사람 자체를 소중히 생각하는지를 묻고 있을 따름이다. 바로 앞 장에서 본 것처럼 하나님이 우리의 최고 가치라면 그분이 소중히 여기는 것이 우리의 가치가 되어야 한다. 그렇다면 하나님과 낙원을 다 잃어버린 불행한 사람들이 우리의 소중히 여기는 대상이 되어야 한다.

기독교인으로 너무 오래 살다 보면 우리는 이 점에서 실패하기 쉽다. 우리는 울타리를 쳐 놓고 우리끼리 교제하고 사랑하며—물론 이것도 제대로는 못 하지만—우리끼리 손을 내밀며 "당신은 사랑받기 위해 태어난 사람"을 목청껏 부른다. 예수님 당시의 바리새인들처럼 영적, 도덕적 우월감에 빠져 "하나님, 나는 저 죄인과 같지 않아서 감사합니다."라는 식의 기도를 드리고 그들을 판단하고 정죄하려 한다. "저런 쓰레기 같은 인간이 세상을 더럽히고 있구나. 하나님, 저 인간들을 엄하게 다스려 주옵소서!"라고 기도한다. 청년 때 나는 그룹사운드를 했던 친구에게 복음을 전한 적이 있다. 친구는 예수님을 믿고 주로 나이트클럽에서 연주하던 자기 친구를 데리고 교회에 나왔다. 결국 그 밴드의 대다수가 교회에 왔다. 장발, 귀걸이에다 알록달록한 옷을 입은 사람들이 교회에 왔을 때 교회 성도들이 당황하던 모습을 나는 잊을 수가 없다.

잃어버린 사람을 소중히 여긴다는 것은 그 사람을 존중하며 있는 모습 그대로 받아들임을 의미한다. 그들의 필요와 관심사에 민감함을 의미한다. 즉 그들이 이해할 수 있는 방식으로 복음을 전하고 사역함을 의미한다. 종종 전도 중심적이라는 교회에 가 보면 '천 명 구령'救靈식의 구호는 요란한데 전혀 비非그리스도인에 대한 고려가 없음을 본다. 환영한다고 하면서 오히려 '우리'와 '그들'로 구분하는가 하면 딱딱하고 난해한 설교로 구도자들을 질리게 만든다. 외부인들에겐 전혀 의미가 없거나 그들이 알아듣기 힘든 전문용어와 구호를 남발한다. 찬송이나 예배의 모든 진행도 전부 멤버들을 위한 것이고 비교인들을 위한 배려가 없다. 엄격한 복장규정을 적용하여 '교회의 일원이 되려면 당신도 우리처럼 되어야 한다.'고 압력을 가하기도 한다. 이런 교회는 잃어버린 사람을 진정 소중히 여기는 교회가 아니다. 단지 그들을 전도나 교회성장의 대상으로 볼 따름이다.

우리는 세계관이나 가치관이 다른 사람, 스스로 의롭다는 사람, 다른 종교를 믿는 사람, 노골적으로 죄를 짓는 사람, 혼란에 빠진 사람, 반항적인 사람, 세속적인 사람과 같은 교회 밖의 비신자들을 무시하거나 정죄하기보다 하나님의 시각으로 그들을 봐야 한다. 예수님은 이 땅에 오셨을 때 그런 사람들과 어울리셨고 그들의 친구가 되셨다. 그분은 그들을 하나님의 형상을 지닌 소중한 인간으로 대하셨다. 좀 자극적으로 들릴지 모르지만 예수님은 모범생보다 죄인들을 더 좋아하셨다. 우리도 그래야 한다. 우리는 잃어버린 사람을 경멸하거나 판단하지 말고 오히려 좋아하도록 노력해야 한다. 그리고 그들의 가치를 인정하며 소중히 여겨야 한다.

잃어버린 보배에 대한 하나님의 반응은 자기 보물을 잃어버린 여느 사람의 경우와 다르지 않다. 하나님은 그저 머릿속으로만 가치를 평가하거나 인식하시는 데 그치지 않는다. 그분은 엄청난 열정으로 자신의 잃어버린 보배를 찾기 원하시고 실제로 행동에 옮기신다. 누가복음 15장에 나온 비유들은 이 보배를 찾는 하나님의 열정을 잘 보여 준다. 양을 잃어버린 목자는 "그 잃은 것을 찾아내기까지 찾아다닌다."4절고 했다. 그는 아마 온 들판을 헤매며 그렇게 했을 것이다. 동전을 잃은 여인은 어떠한가? 그녀는 등불을 켜고 집을 쓸며 그것을 찾을 때까지 부지런히 찾는다.8절 집의 불이라는 불은 다 켜서 온 집을 쓸고 가구 밑에 손을 넣으며, 간절히 찾는 모습을 상상해 보라. 잃어버린 아들의 경우도 다를 바 없다. 아버지는 날마다 목을 길게 빼고 마치 서치라이트 같은 눈으로 열심히 거리를 살폈음에 틀림없다. 저 멀리 아들과 비슷한 모습이라도 보이면 체면 불구하고 막 달려가 보지 않았을까? 비유에 나온 이 세 사람은 소중한 것을 잃어버리고 그냥 슬퍼하고 있지만은 않았다. 그들은 그것을 찾기 위해 실제로 무언가를 했다.

하나님은 사람들이 길 잃은 양처럼 각기 제 길로 갔을 때 "한심한 인간들, 어쩔 수가 없어!"라며 팔짱 끼고 외면하지 않으셨다. 그분은 이들을 찾기 위해 구체적인 계획을 수립하셨고 이를 행동으로 옮기셨다. 그리고 대가를 지불하셨다. 그분은 자신의 독생자요 하늘나라의 왕자인 예수 그리스도를 이 타락한 땅에 보내셔서 잃어버린 자를 구원하려 하셨다. 누가복음에 보면 예수님의 사명선언문이 나오는데 그것은 "인자가 온 것은 잃어버린 자를 찾아 구원하려 함이니라."눅 19:10는 단순한 문장이다. 예수님은 하나님의 보내심을 받고 잃어버린 자를 찾아 구원하기 위해 이 땅에 오셨다. 그것이 그분의 인생 목적이었다. 잃어버린 자를 찾고자 하는 한 가지 목적으로 천국의 영광을 버리셨고 땡볕의 팔레스타인 지역을 돌아다니셨으며 모욕과 침 뱉음과 폭행을 당하셨고 인류가 고안한 가장 잔인한 사형틀인 십자가에 못 박히셨다.

하나님께서 잃어버린 자를 찾는 것은 그들을 사랑하시기 때문이기도 하지만 그들의 불행한 상태를 너무 잘 아시기 때문이다. 누가복음 15장의 세 비유는 우리에게 잃어버린 상태의 불행함에 대해 잘 말해 준다. 양을 잃는 것은 양이 위험에 노출됨을 의미한다. 잃어버린 동전은 모든 가치와 효용성을 잃어버린다는 뜻이다. 잃어버린 아들은 고립과 굶주림으로 인한 죽음의 가능성에 처해진다는 의미이다. 잃어버림을 당한다는 것은 비참한 일이다. 어릴 때 길을 잃어본 적이 있는가? 백화점이나 유원지와 같이 붐비는 곳에서 부모를 잃어본 적이 있는가?

우리 아들은 원래 호기심이 많아서 어디를 가도 그냥 있지 않고 이리저리 돌아다니며 우리를 불안하게 만들었다. 아이가 어렸을 때, 즉 이성은 별로 없으면서 상당한 기동력을 가지기 시작했을 때 백화점에 같이 간 적이 있다. 집을 떠나기 전부터 경고를 했다. 미국의 최고 명절인 크리스마스 시즌이었고 "메이시"와 "J. C. 페니" 등 유명 백화점이 몰려 있는 몰

Mall이었기 때문에 사람들로 북적될 것이 분명했고, 아이는 설쳐 댈 것이 뻔해서 너무 불안했다. 백화점에 가서 부모님께 부쳐 드릴 선물을 산다고 둘러보는데 아이는 계속 딴 곳을 배회했다. 몇 번 찾아오고 경고를 반복하다가 도저히 안 되겠다 싶어서 적당한 곳에 숨어서 아이를 잃어버린 상태로 놔두었다.

처음에 아들 녀석은 아무것도 모르고 진열대 안으로 들어가 깔깔거리고 즐거워했다. 그러다가 갑자기 우리 생각이 난 모양이었다. 주위를 둘러보며 엄마를 불렀다. 그때까지는 여유 있는 표정이었다. 우리는 대답하지 않고 아이를 살폈다. 이번에는 아빠인 나를 불렀다. 대답이 없자 표정이 바뀌기 시작했다. 불안한 표정이 되더니 이곳저곳을 살피기 시작했다. 엄마도 아빠도 눈에 보이지 않았다. 얼굴이 일그러졌다. 울음을 터뜨리기 일보 직전이었다. 그러더니 예상치 못했던 일이 발생했다. 아이가 뛰기 시작했다. 엄마, 아빠를 있는 힘껏 부르면서 울면서 마구 뛰어가는 것이 아닌가! 처절한 비명이었다. 사람들이 쳐다보기 시작했고 나는 아이를 급히 쫓아가 안아 주지 않을 수 없었다. 지금도 그 표정과 절규를 잊을 수 없다. 잃어버림을 당한다는 것은 비참한 일이다.

이 비참한 상태에 처한 사람들을 찾는 일에 하나님은 우리를 포함시키기 원하신다. 그분은 우리에게 "너희는 가서 모든 민족을 제자로 삼으라."^{마 28:19}는 사명을 주셨다. 무슨 일을 하든 간에 잃어버린 자를 찾아 구원하는 일은 우리의 사명이 되어야 한다. 그 사명이 우리를 사로잡아야 한다. 나는 최근에 필리핀에 있는 한 교회에서 설교한 적이 있는데 그들은 구령의 열정으로 충만해서 예수님의 구원, 복음과 같은 단어만 나와도 소리를 지르며 화답했다. 그들은 하나님의 사명에 사로잡혀 있었다.

잃어버린 자를 찾는 사명을 이루기 위해서는 일단 그들에게 가야 한다. 많은 경우 우리는 잘못된 분리의 개념을 가지고 있다. 예수 믿은 다음부터 불신자와 접촉하지 않는 것이 그리스도인의 분리인 줄 안다. 그렇지 않다. 우리의 분리는 영적/윤리적인 것이지 지리적이거나 물리적인 것이 아니다. 이런 잘못된 개념으로 인해 예수를 오래 믿은 사람일수록 점점 믿지 않는 친구와의 관계가 소원해진다. 우리는 적극적으로 세상을 향해 나아가야 한다. 그리고 찾아야 한다. 이야기에 나온 목자, 여인, 아버지가 그랬듯이, 아니 우리 예수님이 직접 그렇게 하셨듯이 우리는 잃어버린 자를 찾아야 한다. 동창회를 가든지, 반상회에 출석하든지, 친지의 집을 방문하든지, 옛 친구에게 전화를 하든지 그들을 찾아야 한다. 그리고 그들과 좋은 관계를 맺어야 한다. 빌 하이벨스B ll Hybels가 자신의 책『사랑하면 전도합니다』*Just Walk Across the Room*에서 지적한 것처럼 지구상에서 가장 그리스도다운 그리스도인들이라도 믿지 않는 사람들에게 다가가지 않으면 전도의 열매를 맺을 수 없다.[38] 우리는 그들이 있는 저편으로 건너가야 한다. 그리고 그들을 위해 기도하며 성령께서 기회를 주실 때까지 인내하며 그들과의 관계를 개발해야 한다.

누가복음 15장의 세 이야기에 공통적으로 흐르고 있는 또 다른 주제는 찾은 자의 기쁨에 관한 것이다. 목자는 잃어버린 양 하나를 찾았을 때 즐거워하며 동네 사람들을 다 불러 모아 파티를 열었다. "또 찾아낸즉 즐거워 어깨에 메고 집에 와서 그 벗과 이웃을 불러 모으고 말하되 나와 함께 즐기자 나의 잃은 양을 찾아내었노라 하리라."5-6절 여인이 동전을 찾았을 때도 같은 일이 일어났다. "또 찾아낸즉 벗과 이웃을 불러 모으고 말하되 나와 함께 즐기자 잃은 드라크마를 찾아내었노라 하리라."9절 집 나간 아들이 돌아왔을 때도 기쁨의 잔치가 벌어졌다. 아버지는 달려가 목을 안고 입을 맞추었다. 그리고는 종들에게 명해 최상의 옷을 입히고 반지와 신발을 신기게 했다. 그리고는 말했다. "살진 송아지를 끌어다가 잡으라 우리가 먹고 즐기자 이 내 아들은 죽었다가 다시 살아났으며 내가 잃었다가 다시 얻었노라 하니 그들이 즐거워하더라."23-24절

이것이 의미하는 바가 무엇인가? 7절과 10절에 그 대답이 분명히 나와 있다 "내가 너희에게 이르노니 이와 같이 죄인 한 사람이 회개하면 하늘에서는 회개할 것 없는 의인 아흔아홉으로 말미암아 기뻐하는 것보다 더하리라."7절 "내가 너희에게 이르노니 이와 같이 죄인 한 사람이 회개하면 하나님의 사자들 앞에 기쁨이 되느니라."10절 잃어버림을 당한 자 한 사람이 하나님 아버지의 품으로 돌아오게 될 때 그것보다 아버지께 더 큰 기쁨을 주는 것은 없다고 성경은 말하고 있다. 천군천사들이 하나님 앞에

모여 축배를 들며 파티를 벌이는 모습을 상상해 보라. "예수 이름이 온 땅에"라는 복음성가의 후렴구는 다음과 같다.

> 예수님 기뻐 노래하시네
> 잃어버린 영혼 돌아올 때
> 하나님 기뻐 춤추시네
> 잃어버린 영혼 돌아올 때

그렇다. 한 잃어버린 자가 주님의 품으로 돌아올 때 주님은 노래하고 춤을 추실 것이다. 왜냐하면 그들은 하나님의 보배요, 그들을 찾는 것이 하나님의 열정이기 때문이다.

참된 그리스도인 치고 하나님을 기쁘게 하지 않기를 바라는 사람은 없다. 그러면 어떻게 그분을 기쁘게 할까? 하나님을 기쁘시게 하기 위해 반드시 목사나 선교사가 되지 않아도 된다. 40일 금식기도를 하지 않아도 된다. 국가대표 축구 선수가 되어 골을 넣고 기도 세레모니를 안 해도 된다. 주님의 잃어버린 사람을 그분께로 데려오면 된다. 그것보다 더 하나님을 기쁘게 하는 일은 없다.

잃어버린 자가 돌아올 때 하나님께서 느끼시는 기쁨을 상상하려면 잃어버렸던 어떤 소중한 것을 찾았을 때의 기쁨을 생각해서 거기다 백만 배 정도를 곱하면 된다. 이란자라에 선교사로 나갔던 정민영 선교사는 선교지에서 세수를 하려고 결혼반지를 뺐다가 그것이 때구루루 굴러 세면장

바로 옆의 재래식 화장실에 빠졌던 경험을 이야기한 적이 있다. 재래식 화장실이니 그것을 찾는 작업은 쉽지 않았다. 그러나 그것을 찾게 되었을 때 그 희열은 말로 표현하기가 힘들었다고 했다. 당신이 잃어버린 자를 데려오면 하나님은 그렇게, 아니 그것과는 비교가 되지 않게 기뻐하신다. 그리고 그분이 기뻐하시면 당신도 기쁨으로 가득 차게 된다. 나는 예수 믿은 후 여러 사람들에게 복음을 전했다. 그 가운데서 특별히 어떤 후배가 생각난다. 그는 당시 군사정부 하에서 데모를 하다 제적을 당했다. 군대를 갔다 와도 복학이 되지 않았고 집안에는 큰 우환이 닥쳐 심한 낙심에 빠져 있었다. 그가 자살을 고려하고 있을 때 하나님의 섭리 가운데 나는 그를 만나게 되었다. 그에게 복음을 전하고 몇 차례의 만남이 있은 후에 그는 결국 복음을 받아들이고 하나님의 자녀가 되었다. 그가 예수님에 대한 믿음을 고백하고 처음으로 함께 교회에 가던 그날, 나는 너무 기뻐 눈물이 나올 지경이었다.

이 땅에서의 기쁨이 다가 아니다. 언젠가 우리는 직접 예수님께서 여신 파티에 가게 될 것이다. 그때 그 기쁨을 상상해 보라. 빌 하이벨스는 말한다.

> 당신이 전도한 그 사람을 위하여 하늘에서 여는 축하연에 당신이 참석할 때 기쁨은 거의 폭발할 지경에 이를 것이다. 특히 그 사람의 이름이 축하연의 팻말에 기록될 수 있도록 당신이 실제적으로 도움을 주었다는 사실을 깨닫게 된다면 당신의 기쁨은 그야말로 폭발하지 않겠는가?[39]

천국의 파티에서 당신이 전도한 사람이 생명의 면류관을 받게 될 때 당신의 감격과 기쁨은 상상을 초월할 것이다. 잃어버린 사람을 주께 돌이키는 삶은 기쁨의 삶이며, 감격이 있는 삶이다. 하나님도 기뻐하시고 당신도 기뻐하게 된다.

참 보배에 투자하라

영화 "쉰들러 리스트"의 주인공 오스카 쉰들러는 실존 인물로, 2차 대전 당시 나치 당원이었고 거물들과의 인맥을 바탕으로 돈을 벌어들이는 사업가였다. 그는 원래 장사만 생각하는 냉혹한 기회주의자였지만 자신이 인수한 공장의 유대인 회계사인 스턴과 친분을 맺으면서 유대인 학살에 대한 양심의 소리를 듣는다. 그는 자기 돈으로 가스실에 끌려갈 유대인들을 구해 낼 결심을 하고 명단을 만들어 1,100명의 유대인을 구해 낸다. 전쟁이 끝난 뒤 유대인들은 전범으로 몰릴 쉰들러를 염려해 모두의 서명이 든 진정서와, 자신들의 금니를 뽑아 단든 반지를 전달하며 그에게 고마움을 표시한다. 그들이 준 반지에는 '한 생명을 구한 자는 전 세계를 구한 것이다.'라는 탈무드의 글귀가 새겨져 있다. 이 반지를 받아든 쉰들러는 더 많은 유대인을 구해 내지 못한 것을 아쉬워하며 울음을 터뜨린다. 그는 감정을 가누지 못하고 친구 스턴에게 말한다.

"더 구할 수 있었는데…더 살릴 수 있었는데…조금 더…조금이라도 더…더 살릴 수 있었는데….”

그는 자기 옆에 서 있는 자동차를 보며 울부짖는다.

“내가 왜 이 자동차를 가지고 있지? 이걸로 열 사람은 더 구할 수 있었을 텐데.”

그는 주변을 둘러보다가 자기 옷깃을 내려다본다. 거기 달린 금으로 된 나치 핀을 뜯어내며 울먹인다.

“이 핀 … 이건 금인데 … 이걸로 두 사람은 더 살릴 수 있었는데….”

우리가 잃어버린 사람의 가치를 알지 못하고 산다면 언젠가 우리도 이런 후회에 휩싸일지 모른다. 이 세상에서 사람보다 더 귀한 것은 없다. 예수님은 한 생명이 온 천하보다 더 귀하다고 하셨다. 그 귀한 생명을 하나님께서 찾고 계시며 그 일에 우리를 사용하기 원하신다. 우리는 시간과 물질과 모든 창의적인 에너지를 다 동원하여 이 일을 해야 한다.

사실 이 세상에서 우리가 보고 대하는 것들 가운데 영원한 것은 사람밖에 없다. 빌 하이벨스는 앞서 언급한 자신의 최근 책에서 스티커 한 통과 작은 집 모형, 장난감 자동차, 인형 크기의 사무실 책상 소품을 들고 강단에 나온 한 설교자에 대해 말한다.[40] 그는 그 소품들에 각각 빨간 스티커를 붙였다. 앉은 자리에서 뭐가 뭔지 다 볼 수는 없던 청중들을 위해 그는 모든 빨간 스티커에 ‘순간’이라는 단어가 쓰여 있다고 설명하면서 이렇게 말을 이었다.

“제가 빨간 스티커를 붙인 물건은 다 순간적인 것입니다. 이 세상이 끝나면 바람에 날리는 나뭇잎처럼 저 멀리 사라집니다. 이것들을 위해 사는 삶은 순간의 쾌락, 순간의 만족, 순간의 성취를 좇는 덧없는 삶이지요.”

그런 다음 설교자는 강단을 돌아다니며 눈에 보이는 모든 물건들에 빨간 스티커를 붙였다. 세상이 제공하는 최고의 것들이 결국 어떤 운명을 맞을지 선포한 것이다. 숨죽인 청중들 앞에 선 설교자는 한 사람을 강단으로 불러 그 옷깃에 파란 스티커를 붙였다. 그리고 이렇게 질문했다.

“긴 인생길을 마치고 마지막 숨을 내뱉는 순간에 여러분은 무엇을 위해 살았다고 말하고 싶습니까?”

세상이 바뀌어 모든 것이 사라져도 사람은 남는다. 최첨단 가전도구, 럭셔리한 자동차, 으리으리한 저택, 번쩍이는 보석, 모든 것이 빛을 잃고 한 줌 재조차 남기지 않아도 사람은 영원히 남는다. 그러므로 사람의 가치를 알고 사람에 투자하도록 하자. 그것만이 영원에 걸쳐 우리에게 배당금을 주는 참 보배이기 때문이다.

인생의 목표를 바꾸다

크레이그 필립스Craig Phillips라는 재벌 2세가 있었다. 그는 부와 지위와 모든 것을 가진 사람이었지만 예수님을 만나고 나서 이웃을 돕고 교회를 세우며 선교회를 이끄는 삶을 살았다. 그는 이런 글을 썼다.

나는 500개의 지사를 둔 루프 주식회사에서 좋은 자리를 제의받아 근무하고 있었다. 내 나이 27세 때 회사를 출근하면서 길거리에 누워 있는 한 사람을 보았다. 나는 그 사람을 지나치긴 했지만 더 이상 걸어갈 수가 없었다. 그래서 나는 그 사람 가까이에 가서 "당신이 예수님입니까?"라고 물었다. 나는 그 사람이 예수님이 아님을 알았지만 거기 예수님이 계신다고 생각되었다.

"주님, 제가 물질만 위해 사는 잘못된 길을 가고 있습니까?"

예수님은 내게 분명하게 말씀하셨다.

"그렇다. 크레이그. 나는 오래전에 네게 이미 말하였다."

그날 나는 인생의 목표를 바꾸었다. 그때부터 내 인생은 기쁨으로 가득 찼다. 예수님은 내 인생의 망가진 부분들을 아주 많이 치료해 주셨다. 주님이 주시는 기쁨은 세상 어떤 것으로도 비교할 수 없는 것이었다. 세상 사람들이 죽어 가고 있다. 그들은 우리의 손길을 기다리고 있다. 골목길에 누워 있는 사람들, 사무실에 있는 사람들, 무너져 가는 집에 있는 사람들 그들은 오직 한 가지만 알면 된다. 예수님이 그들을 위해 돌아가셨고 그들을 사랑하신다는 것을 알기만 하면 된다. 예수님은 그들을 기다리며 그들의 문을 두드리고 계신다. 예수님은 그들이 지나다니는 길거리에 계신다. 예수님께서 하늘 영광을 다 버리고 이 땅에 오신 이유는 잃어버린 영혼을 찾기 위함이었다.

그렇다. 잃어버린 자를 찾기 위해 예수님이 오셨다. 그들은 하나님께 너무도 소중한 존재이기 때문에 하나님은 그들을 위해 독생자를 주시기까지 하셨다. 지금도 하나님은 사랑에 애타는 아버지의 심정으로 그들을 찾고 계시며 탕자가 돌아올 때 더할 수 없을 정도로 기뻐하신다. 그들을 찾기 위한 한 가지 목적 때문에 예수님을 보내셨고 그들로 하여금 죄를

용서받고 하나님 나라에서 영원히 살게 하기 위해 자기 아들을 십자가에 못 박혀 돌아가시도록 하셨다. 그러므로 우리도 크레이그 필립스처럼 인생의 목표를 바꾸고 '골목길에 누워 있는 사람들, 사무실에 있는 사람들, 무너져 가는 집에 있는 사람들'을 찾아 나서야 한다.

영국 케임브리지대학에서 교수를 했으며 『나니아 연대기』*The Chronicles of Narnia*를 비롯한 문학작품과 숱한 신학서적을 남긴 탁월한 작가 C. S. 루이스*C. S. Lewis*는 "한 영혼을 구원하는 것이 세상의 모든 위대한 서사시와 희곡을 짓고 보존하는 것보다 훨씬 중요하다."고 말했다.[41] 복음전도보다 더 위대하고 의미 있고 감격적인 일은 없다. 그것보다 더 하나님을 기쁘게 해 드리는 일도 없다. 그 일에 헌신하는 것은 신적 의미와 중요성을 지닌다. 내 주변의 잃어버린 사람을 마음에 품고 기도하며 그를 찾아 나서도록 하자. 그는 그냥 많은 사람 중의 하나가 아니다. 그는 하나님께서 간절히 찾으시는 보배이다.

_10장 하나님이 찾으시는 보배 : 잃어버린 사람

1. 정말 소중히 여기는 것을 잃어버린 경험이 있는가? 그 경험에 대해 말해 보자.

2. 당신이 싫어하거나 편견을 가진 사람이나 그룹은 누구인가? 그들을 하나님의 소중히 여기는 보배로 보려면 어떻게 해야 하겠는가?

3. "잃어버린 사람을 소중히 여긴다는 것은 그 사람을 존중하며 있는 모습 그대로 받아들임을 의미한다. 그들의 필요와 관심사에 민감함을 의미한다. 그들이 이해할 수 있는 방식으로 복음을 전하고 사역함을 의미한다."라는 저자의 말로 당신과 당신의 교회를 평가해 보라. 당신은 잃어버린 사람을 얼마나 소중히 여기는가?

4. 빌 하이벨스는 "지구상에서 가장 그리스도다운 그리스도인들이라도 믿지 않는 사람들에게 다가가지 않으면 전도의 열매를 맺을 수 없다."고 했다. 당신이 믿지 않는 사람들과 맺고 있는 관계를 평가하라. 지금 전도를 목적으로 당신이 다가가는 불신자는 누구인가?

5. 잃어버린 자를 찾는 일에 헌신하기 위해 당신에게 가장
   필요한 한 가지는 무엇인가?

6. 당신이 찾아야 할 하나님의 보배를 지금 떠올리며 그를
   위해 기도하라. 그를 인도하기 위해 어떤 전략이 필요
   한지도 생각해 보라.

11장
세상의 유일한 희망 : 교회

어떤 사람이 사고로 무인도에 떨어지게 되었다. 그는 기독교 신자였기 때문에 먼저 교회부터 지었다. 열심히 교회에 나가던 그는 '나 홀로' 교회에 점점 불만이 쌓였다. 1년 후 그는 그 교회를 떠나 다른 교회를 개척해서 나가기 시작했다.

지상에 완전한 교회는 없음을 코믹하게 묘사한 이야기이다. 위의 이야기처럼 무인도의 '나 홀로' 교회도, 대도시의 메가 처치도 다 나름대로의 문제가 있다. 나는 지금까지 한국과 미국에 있는 10개 정도의 교회를 섬기거나 출석했고 설교와 연구를 위해 국내외의 많은 교회들을 가 보았다. 교인이 만 명도 넘는 초대형 교회에서부터 열 명도 안 되는 개척교회까지, 초현대식 예배를 드리는 교회에서부터 전통적 예배를 드리는 교회까지, 극단적 근본주의자들의 교회부터 상당히 진보적인 교회까지 여러 교회들을 경험했다.

재미있는 에피소드도 있었다. 어떤 교회에서는 한 자매가 나와서 특송을 하려는데 그 교회 담임목사님이 1절만 하고 들어가라고 했다. 은사가 없는데다 툭하면 나와서 특송을 하기 때문이었다. 그 자매가 개의치 않고 2절로 들어가자 목사님은 강대상의 마이크를 통해 그만하라고 명했다. 자매는 흔들리지 않고 4절까지 불렀다. 어떤 교회에서는 반주자가 갑자기 결석해서 일흔이 다되신 할머님이 피아노 앞에 앉았는데 템포가 워낙 느린데다 자꾸만 틀려서 성도들이 돌 씹은 표정으로 찬송하는 것도 봤다. 어떤 교회에서는 바닷가에 수양회를 갔는데 아침 예배시간에 몇몇 집사님들과 형제들이 베드로처럼 고기 잡으러 나가서 목사님이 씩씩거리기도 했다. 필립 얀시Philip Yancey는 자신의 책『교회, 나의 고민 나의 사랑』 *Church: Why Bother?*에서 자기 교회의 괴짜들을 소개하는데 그 가운데는 자기 교회의 백인들에게 천벌을 내려달라고 기도하는 한 흑인과, 만찬을 위하여 기도 중이던 목사님을 향해 럭비공을 날린 한 남자의 이야기도 있다.[42]

이처럼 전혀 영웅적이지 못한 교회의 모습을 너무 많이 봐 온 터라 일반인은 말할 것도 없고 믿는 우리조차도 교회에 대해 별 기대를 하지 않는 경향이 있다. '교회가 뭘 할 수 있겠는가?'라는 냉소적인 태도가 팽배하다. 로마제국을 뒤집어엎은 초대교회의 이야기는 아득한 전설인 것만 같다. 어쩌다 교회가 잘못이라도 저지르면 바로 타도의 대상이 된다. 비그리스도인은 물론 그리스도인들도 교회로 인해 실망하고 상처받는다. 그들은 여간해선 다시 교회를 찾지도 않는다. 성장은커녕 생존을 위해 힘겹게 고군분투하는 많은 목회자들도 사역에 지치고 '양 떼'가 아니라 때론

‘개 떼’처럼 느껴지는 교인에 데여 교회에 대한 꿈과 믿음을 거의 포기하려 한다.

그러나 자세히 들여다보면 교회는 비관과 실망의 대상만은 아니다. 교회는 지금도 그 주인 되신 예수 그리스도께서 시작하신 은혜의 혁명을 조용히 수행하고 있다. 동구라파를 가로막아 서 있던 철의 장막이 무너진 것은 교회에서 시작된 그 조용한 혁명에 상당부분 빚지고 있다. 몇 년 전 중국에 강의 차 다녀오면서 한 가정교회에서 설교했는데 그런 작은 교회들이 인구 13억의 대국인 중국의 영적 풍토를 바꾸고 있었다. 포교의 자유도 없는 나라지만 벌써 기독교인의 숫자가 당비를 내는 중국 공산당원의 수를 넘었다고 한다. 최고위층 가운데도 그리스도인이 있다는 소문을 들었다. 우리나라의 기독교 역사를 살펴보도 교회가 영적 부흥은 물론 문맹과 질병의 퇴치, 교육을 통한 인재양성, 애국적 독립운동에 참여함으로 오늘날 대한민국의 초석 놓기에 기여했음을 부인할 수 없다. 지금 이 순간도 전 세계에 산재한 교회들을 통해 소리 소문 없이 복음이 전해지고 선교와 구제가 행해지며 사람들의 영원한 운명이 뒤바뀌고 있다.

물론 어려운 교회들도 많고 사회의 지탄을 받는 교회도 있다. 일반 교인들은 기대에 차지 않는 교회의 모습으로 인해, 목회자들은 지지부진한 사역으로 인해 교회를 포기하고자 하는 유혹을 받기도 한다. 그러나 우리는 교회를 포기해서는 안 된다. 왜냐하면 하나님께서 교회를 포기하지 않으셨기 때문이다. 대학 시절 초대교회의 아름다운 모습에 반해 아예 자신의 삶을 그런 교회의 형성에 온전히 드린 빌 하이벨스는 “교회가 교회다울 때 교회를 대신할 수 있는 것은 이 세상에 없다.”고 말했다. 그는 또한 “예수 그리스도의 교회는 이 세상의 유일한 희망이다”라고 담대히 선포하기도 했다.[43] 그렇다. 교회는 이 세상의 유일한 희망이다. 우리는 어떤 방식으로든 교회다운 교회를 이루는 데 기여해야 한다. 그것이야말로 이 절망적인 세상에 희망의 깃발을 드는 것이다.

하나님의 보혈을 주고 산 명품

교회는 평가절하 되고 있다. 많은 그리스도인들조차도 교회의 가치를 잘 모른다. 교회가 너무 많아서 그런지 별로 중요하게 생각하지 않는다. 아예 교회가 필요 없다고 노골적으로 말하는 사람들도 있다. 그러나 하나님은 그런 생각에 찬성하지 않으신다. 그분은 교회를 아주 중요하게 생각하신다.

바울은 자신의 3차 선교여행 중 소아시아의 밀레도라는 항구도시에 에베소교회의 장로들을 불러 사역에 대해 당부하던 중 교회를 일컬어 “하나님이 자기 피로 사신 교회”행 20:28라는 놀라운 표현을 사용했다. 그것보다 더 교회의 가치를 잘 말해 주는 표현은 없다. 온 우주에서 하나님의 보배로운 피, 곧 그분의 존귀하신 생명보다 더 소중하며 더 비싼 것이 어디 있는가? 교회는 ‘하나님의 피’라는 가격표가 붙어 있는 최고의 명품이다.

사실 바울은 처음 기독교에 입문하던 때부터 교회의 가치에 대해 배

웠다. 그는 원래 지상에서 교회를 말살하고 싶었던 악명 높은 핍박자였다. 이스라엘 안에서 활동하는 것으로 만족하지 못해 대제사장의 허락을 얻어 다메섹까지 갈 계획을 세웠다. 다메섹에 거의 당도했을 때 갑자기 하늘에서 눈을 멀게 할 정도의 밝은 빛이 비치면서 소리가 들렸다.

"사울아 사울아 네가 어찌하여 나를 박해하느냐?"^{행 9:4}

예수님의 질문이었다. 그분은 분명히 "왜 나를 핍박하느냐?"고 물으셨다. 바울이 예수님을 직접 핍박한 적은 한 번도 없었다. 그는 단지 교회를 핍박했을 따름이다. 그러나 예수님은 그것을 당신 자신에 대한 것으로 받아들이셨다. 교회와 자신을 동일시하신 것이다. 말씀하시는 분이 누구시냐고 바울이 물었을 때 예수님은 다시 한 번 "나는 네가 박해하는 예수라." ^{행 9:5}고 대답하시면서 이 사실을 분명히 하셨다. 바울은 눈이 멀고 땅에 엎드려지면서 어렵게 배운 이 교훈을 결코 잊어버릴 수 없었을 것이다.

그래서 바울서신을 보면 교회의 가치와 중요성을 일깨워 주는 말들로 가득하다. 교회는 현재 이 세상에서 행하는 그리스도의 몸이다. 교회는 세상을 구속하고 회복하기 위한 하나님의 강력한 도구이다. 교회는 진리의 기둥과 터이며,^{딤전 3:15} 성령 안에서 하나님이 거하실 처소^{엡 2:22}이다. 놀랍지 않은가? 지상교회의 많은 문제와 연약함에도 불구하고 하나님은 그 교회를 당신의 거처로 삼으셨다. 그래서 교회는 오늘날 하나님의 '성전'이다. 그것은 건물이 아니라 사람들에 대한 것이다. 교회에 대한 바울의 여러 묘사 가운데서 가장 놀랍게 느껴지는 것은 에베소서 3:10의 말씀이다. 그 구절에 의하면 천사들은 교회를 통해 하나님의 지혜를 배운다.

"하나님께서 이렇게 하시는 목적은 교회를 통해서 하늘의 통치자들과 권세자들에게 하나님의 무한한 지혜를 알게 하려 하시는 것입니다."^{쉬운 성경} 그러므로 모든 교회는 우주적인 중요성을 지니고 있다. 그 교회가 작든 크든, 장로교든 침례교든, 건물이 있든 없든, 제3국에 있든 한국에 있든 상관없다. 하나님께서는 교회를 통해 이 땅은 물론 천상의 존재들에게까지 당신의 온갖 지혜를 드러내시기 기뻐하신다.

교회가 없다고 상상해 보라. 우리는 결코 제대로 성장할 수 없을 것이다. 십자가의 요한 St. John of the Cross은 이렇게 썼다.

"홀로 떨어진 고고한 영혼은 … 홀로 타는 석탄과 같다. 그 불길은 이제 식는 일만 남았다. 더 이상 뜨거워지지 않을 것이다."

그의 말은 옳다. 그러나 그뿐만이 아니다. 홀로 떨어진 영혼은 그 불길이 식을 뿐 아니라 아주 취약한 상태에 처하게 된다. 그런 그리스도인은 마귀의 멋진 공격 대상이 된다. 교회를 벗어나는 일은 얼마나 손해인가? 유년 시절과 젊은 시절, 교회에서 받은 상처 때문에 한동안 교회를 떠나 방황하던 필립 얀시는 다시 교회로 돌아와 다음과 같이 고백했다.

교회는 내가 간절히 원하는 뭔가를 가지고 있다. 나는 이 점을 마음으로 인정한다. 잠시 교회를 떠나 있을 때면 고통받는 쪽은 언제나 나다. 나는 이 점을 마음으로 느낀다. 한동안 교회를 떠나 홀로 편력하던 시절 나는 언제나 안으로만 퇴행했다. 공동체라는 더 큰 바깥으로는 나가지 못했다.[44]

그렇다. 교회를 도외시하면 결국 우리만 손해다. 그러므로 교회의 가치에 대한 인식을 하루라도 빨리 회복하는 것이 우리에게 필요하다. 이를 위해 나는 성경에 기록된 한 교회의 모습을 살려 보려 한다. 그 교회는 말 그대로 '오리지널' 교회이자 세계 최초의 교회이다. 이 교회의 이야기는 교회의 중요성을 일깨워 줄 뿐 아니라 교회에 대한 우리의 열정을 뜨겁게 해 주리라 믿는다. 우리는 이 교회를 보면서 세상의 희망이 되는 교회가 어떠해야 할지 배우게 될 것이다.

모델 교회

주후 33년 5월 제국 전역에 흩어져 있던 유대인들이 오순절 절기를 지키기 위해 예루살렘에 모여들었다. 그러나 그 오순절은 여느 때와는 달랐다. 하나님께서 새로운 일을 시작하셨던 것이다. 급하고 강한 바람 소리가 난 후 성령이 불의 혀처럼 갈라지며 마가의 다락방에 있던 120명의 제자들에게 임했다. 성령의 충만을 받은 그들은 거리에 나가 각종 방언으로 말했고 그것은 즉각적으로 사람들의 관심을 불러 모았다. 신기한 현상을 보며 웅성거리는 군중들에게 사도 베드로의 설교가 이어졌다. 베드로의 열정적인 설교 후 3,000명이 한꺼번에 회심하는 기적적인 사건이 있었고 이는 곧 교회의 탄생이 이루어지는 순간이었다. 사도행전 2:42-47은 새롭게 탄생한 교회의 모습을 쓰고 있는데 이는 모든 하나님의 교회가 본

받아야 할 모델을 제시하고 있다.

하나님의 말씀을 배우는 데 헌신된 교회

예루살렘교회는 하나의 거대한 학교였다. 선생님들은 사도였고 배움의 내용은 하나님 말씀이었다. 42절은 그들이 사도의 가르침을 받는 데 전념했음을 말해 준다. 초대교회는 신비주의적 체험에 빠지거나 신학을 멸시하는 그런 교회가 아니었다. 예루살렘을 뒤흔들고 궁극적으로 당시 세계를 뒤집어 놓은 초대교회는 열심히 하나님 말씀을 배우는 공동체였다.

한국 교회는 종교적인 열심이 아주 특출하다. 한 교회의 새벽기도에 몇 만 명씩 모이는 그런 나라가 한국 말고 어디 또 있겠는가? 사실 한국은 새벽기도를 시작한 종주국이요 최근에 몇몇 나라의 일부 교회에 수출하기도 했지만 교파와 지역을 초월하여 새벽기도를 하는 곳은 아직 한국밖에 없다. 기도는 또 얼마나 열정적으로 하는가? 내가 알던 한 미국인 목사는 한국 사람들의 기도 모임에 들어갔다가 깜짝 놀랐고 무서움까지 느꼈다고 했다. 이렇게 열심이 많은 것은 좋은 일이고 자랑할 만한 일이지만 상대적으로 말씀 교육에는 약한 면이 있다.

우리는 말씀에 대한 헌신을 새롭게 해야 한다. 왜냐하면 말씀을 제대로 배워야 삶이 제대로 되기 때문이다. 25년 정도 말씀사역자로 사역을 해 오면서 나는 하나님 말씀으로 변화된 여러 사람들을 보았다. 삼풍백화점의 사장이었다가 백화점의 붕괴 사고로 모든 것을 잃고 감옥에 갔던 이

한상 씨는 감옥에서 읽은 성경말씀을 통해 자신을 회복시키시며 다시 부르시는 하나님의 음성을 들었다. 그 부르심에 순종하여 그는 내가 지금 섬기고 있는 신학교에서 3년간 신학 훈련을 받았고 지금은 몽골의 선교사로 하나님의 사랑과 복음을 나누고 있다. 우리 교회의 한 자매는 오래 교회를 다녔으나 말씀에 무지하여 잘못된 신앙생활을 하다가 이제 말씀 공부를 통해 하나님이 어떤 분인지를 깨닫고 그 삶과 신앙의 질이 달라졌음을 간증하기도 했다. 각 지역사회마다 하나님의 말씀을 가르치고 배우는 데 헌신한 교회가 있다고 생각해 보라. 말씀을 통해 가치관이 변하고 생각이 변한 그리스도인이 가정과 학교와 직장과 사회에 배치된다고 생각해 보라. 세상이 바뀌지 않겠는가? 말씀 교육에 대한 헌신이 필요하다. 그래야 교회는 세상의 희망이 될 수 있다.

서로를 나누며 돌보는 데 헌신된 교회

예루살렘교회는 또한 서로 교제하는 데 헌신된 공동체였다. 교제라는 말로 번역된 헬라어는 유명한 '코이노니아'koinonia라는 단어이다. 이 단어는 공통됨과 나눔이라는 의미를 지니고 있다. 그리스도인의 교제는 한 주님을 따르고 한 하나님의 가족이 되었다는 공통성에 근거한다. 내가 사랑하는 주님을 그도 사랑하고 내가 믿는 하나님을 그도 믿으며 내가 경험하는 성령님의 위로를 그도 경험한다는 그 공통성이 우리를 가깝게 만드는 것이다. 그러므로 그리스도인의 교제는 삼위일체 하나님과의 수직적인 교제가 선행되지 않으면 무의미한 것이다. 그저 교인들이 모여 논다고 다 그리스도인의 교제가 이루어지는 것은 아니다. 그래서 바울은 빌립보서 2:1-4에서 성도 간의 하나 됨과 교제를 말하기 전에 각 성도와 삼위일체 하나님과의 교제에 대해 먼저 말한 것이다.

그리스도인의 교제는 하나님과 나누는 공통적 경험에 근거할 뿐 아니라 서로를 나누는 것을 포함한다. 누가는 사도행전 2:44-45에서 아주 급진적인 공동체의 모습을 묘사한다. "믿는 사람이 다 함께 있어 모든 물건을 서로 통용하고 또 재산과 소유를 팔아 각 사람의 필요를 따라 나눠 주며." 내가 중국에서 만났던 한 공산당원 출신 그리스도인은 이 구절을 들면서 초대교회는 공산주의와 비슷한 것이 참 많다고 했다. 차이점은 자발성이 있느냐 없느냐에 있다고 그는 덧붙였다. 그렇다. 참된 교제는 자발적으로 서로의 필요에 반응하고 나누며 돌보는 차원이 있어야 한다. 물론 그 자발성은 그리스도의 사랑에서 기인된다.

달라스신학대학원을 졸업한 레이 스테드만Ray Stedman 목사에 의해 개척된 켈리포니아의 페닌슐라 성서교회는 이런 급진적 공동체의 교제를 지향했다.[45] 그들은 주보에 서로의 필요를 알리는 칸을 만들고 성도들 스스로 반응하게 했다. 한번은 주일 저녁예배에서 가난한 유학생에게 차가 필요하다는 광고가 나갔다. 예배가 끝나고 한 중년 남자가 나와서 자기에게 차가 두 대 있는데 그리 좋은 차는 아니지만 잘 굴러간다면서 한 대를 그 학생에게 주겠다고 발표했다. 이런 것이 하나님께서 원래 생각하신 성경적 공동체의 교제이다.

이 세상을 보라. 갈수록 그것은 무정하고 사무적이 되어 간다. 앞집에 사는 사람이 죽어도 잘 모르는 사회가 되었다. 이런 세상에서 서로 나누고 돌보는 공동체가 있다는 것은 그 자체로서 희망의 메시지가 된다. 얼마 전 내가 섬기던 교회 청년의 아버지께서 돌아가셔서 장례식에 갔다. 청년부의 많은 청년들이 열심히 서빙을 하고 같이 밤도 새며 함께해 주는 모습을 보고 얼마나 흐뭇했는지 모른다. 흑문에 의하면 안 믿는 친척들이 이번에 장례식을 보고 교회에 나가기로 결정했다고 한다. 세상의 희망이 되는 교회에는 이런 끈끈한 교제가 있어야 한다.

예배에 헌신된 교회

예루살렘 공동체는 서로에 대한 사랑뿐 아니라 하나님께 대한 사랑을 표현하는 데 헌신된 교회였다. 누가는 2:42에서 이 교회가 "떡을 떼며 오로지 기도하기를 힘쓰니라."고 보고한다. 떡을 뗀다는 것은 주의 만찬을 묘사하는 표현이다. 그들은 예수 그리스드께서 하신 일을 기념하며 그분을 경배하며 열심히 기도했다. 46-47절도 "날마다 마음을 같이하여 성전에 모이기를 힘쓰고 집에서 떡을 떼며 기쁨과 순전한 마음으로 음식을 먹고 하나님을 찬미하며 또 온 백성에게 칭송을 받으니 주께서 구원받는 사람을 날마다 더하게 하시니라."고 말하고 있다.

이들은 어떤 방식으로 예배드렸는가? 첫째는 성전과 집에서 예배드렸다. 존 스토트John Stott는 이것을 공식적이며 비공식적인 예배라고 말했다.[46] 크게 모이든 또는 소그룹으로 모이든 그들은 예배드리는 데 자신들을 드렸다. 그들은 또한 기쁨으로 예배드렸다. 화난 사람처럼 인상 쓰고 마지못해 입 벌리는 시늉만 하지 않았다. 예배는 기쁨이 있어야 한다. 하나님을 만나는 감격으로 충만해야 한다. 뿐만 아니라 그들은 순전한 마음으로 예배했다. 진실된 마음으로 예배를 드렸다는 것이다. 다른 동기가 있지 않았다. 우리는 예배에서 내가 무엇을 얻는 데 집중해서는 안 된다. 오히려 하나님께 나의 온 마음을 바쳐야 한다. 기도도 그들의 예배에서 빼놓을 수 없는 중요한 요소였다. 기도를 통해 아버지 하나님과 교제하고 그분께 마음을 쏟아부으며 감사와 찬양 가운데 자신들을 드렸다.

하나님을 예배하는 교회는 이 세상에 더 나은 대안을 제시하는 교회이다. 예배를 통해 우리는 위대하고 선하신 하나님이 지금도 살아 계시고 다스리심을 선포한다. 그러므로 예배는 눈에 보이는 것이 전부가 아니며 이 세상은 언제나 지금처럼 있지 않을 것을 증거하는 믿음의 행위이다. 웨스트민스터 신앙고백은 "인간의 본분은 하나님을 찬양하고 그분을 영원히 즐거워하는 것"이라고 했다. 하나님을 예배할 때 우리는 가장 인간다워진다. 인간의 비인간화는 잘못된 예배에서 출발한다. 잘못된 예배는 삶을 강등시키고 세상을 뒤죽박죽으로 만든다. 하나님을 예배할 때 우리는 참 인간의 본분을 다하는 것이며 그 무엇과도 비교할 수 없는 행복감을 느낀다. 나는 그동안 참된 예배를 드리는 것이 얼마나 기쁘고 만족스런 경험인가를 계속해서 배워 왔고 지금도 배우고 있다. 때로는 전문 찬양팀이 동원된 대규모의 모임에서, 때로는 몇몇 사람이 통기타 하나만 들고 모인 곳에서, 때로는 아무도 없이 혼자 앉아 하나님을 찬양할 때 하나님은 성령의 감동 가운데 내 마음을 만지셨고 아름다운 영광을 드러내셨다. 참된 예배가 이루어질 때의 기쁨과 감격은 내가 지금까지 경험한 그 어떤 것과도 같지 않다.

우리는 하나님께만 우리의 마음을 쏟아야 한다. 아낌없이 우리의 사랑을 표현해야 한다. 하나님은 그런 예배를 받으실 자격이 있다. 다윗은 춤추며 예배하다가 옷이 흘러내릴 정도의 열정으로 예배했다._{삼하 6:12-15} 열정을 가지고 기쁨으로 예배하는 교회는 영광스러운 하나님의 임재를 드러냄으로써 세상의 희망이 된다.

전도에 헌신된 교회

가르침과 교제와 예배, 이것은 예루살렘교회의 내부적 삶의 영역들이었다. 그러나 그들은 여기에 그치지 않고 밖으로 나갔다. 사도행전 2:47의 기록은 이 사실을 보여 준다. "하나님을 찬미하며 또 온 백성에게 칭송을 받으니 주께서 구원받는 사람을 날마다 더하게 하시니라." 그들은 믿지 않는 사람들에게 열정적으로 복음을 전했고 주님은 그 일을 축복하셔서 날마다 구원받는 사람을 교회에 더해 주셨다.

그러면 어떻게 이런 다이내믹한 아웃리치 사역이 이루어졌을까? 먼저는 그들의 간증이다. 그들의 공동체적 삶과 하나 됨 그리고 변화된 삶의 방식이 사람들의 마음을 열었다. 온 백성에게 칭송을 받는다고 하지 않았는가? 둘째는 초자연적인 성령의 역사하심이다. 기사와 표적이 나타나자 사람들이 거룩한 경외감을 느꼈다. 셋째는 기도이다. 그들은 믿지 않는 가족들과 친구들을 위해, 담대한 복음전파를 위해 기도했음이 틀림없다. 사도행전 4장에 보면 그들이 전도를 위해 기도하는 내용이 있다. 불가능한 전도를 가능하게 하는 것은 기도이다. 마지막으로 사도들과 또 다른 신자들의 복음전파였다. 직접 나가서 전한 것이다. 전쟁에서 승리하기 위해서는 각개 병사가 직접 몸으로 부딪혀야 하는 것처럼 전도도 직접 접촉해야 한다.

세상의 희망이 되는 교회는 전도하는 교회이다. 사람들은 모르지만 이 세상은 지옥으로 가고 있다. 지금 어둠과 거짓의 영이 사람들의 마음을 혼동에 빠트리며 눈과 귀를 막아 진리를 보지도, 듣지도 못하게 한다. 사람들은 60평짜리 아파트에, 대기업 이사 자리에, 자녀들의 일류 대학 진학에 목숨을 건다. 마치 그것이 인생의 전부인 것처럼, 마치 그것이 행복을 가져다줄 것처럼 말이다. 메이저리그 출신의 열정적인 복음전도자 빌리 선데이Billy Sunday는 뉴욕 맨해튼의 한 호텔 방 창문을 통해 거리를 내다보면서 사람들이 지옥으로 가고 있다고 눈물을 흘리며 말했다. 우리는 이 사실을 참으로 믿는가? 그렇다면 우리는 무엇을 하고 있는가?

릭 워렌 목사가 목회하는 새들백교회는 '목적이 이끄는 교회'로 유명하다. 그 교회는 기신자의 수평적 이동보다 비그리스도인들과 비교인들에게 집중하는 교회가 되기로 처음부터 결정했다. 그래서 그들은 자신들의 교회당을 지을 때 교회 건물을 한 번도 설계해 보지 않은 사람에게 일부러 설계를 맡겼다. 교회에 오래 다닌 사람들보다 그렇지 않은 사람들이 편안함을 느낄 수 있게 하기 위해서였다. 캘리포니아의 오렌지카운티에 있는 교회에는 예배당 바깥에 침례탕—새들백교회는 침례교회이다—이 있는데, 그 침례탕을 만든 사람이 가장 먼저 침례를 받았다는 일화는 그 교회가 얼마나 복음전도에 헌신했는가를 잘 보여 준다. 이런 교회가 세상의 희망이 된다. 지옥의 울타리를 점점 뒤로 물리는 강력한 하나님의 도구가 되는 것이다.

복음은 산 소망의 소식이다. 복음은 하나님이 우리를 사랑하셔서 독생자 예수 그리스도를 십자가에 보내 우리 대신 죽게 하시고 누구든지 믿는 자에게 죄의 용서는 물론 삶의 의미와 사명을 주시며 하나님의 임재와 능력을 나누어 주신다는 기쁜 소식이다. 우리는 이 소식을 전해야 한다. 사람들에게는 다른 어떤 것보다 주님이 필요하다. 그리고 교회만이 이 절박하고 진실된 필요를 가장 잘 채워 줄 수 있다.

위대한 헌신

어떤 공동체이든 헌신 없이 세워지지는 않는다. 가정도, 회사도, 국가도 다 마찬가지이다. 그래서 처칠은 2차 대전 직후의 영국인들에게 '피와 땀과 눈물'을 요구했으며 미국의 대통령인 케네디는 "국가가 해 줄 것보다 국민인 당신이 국가를 위해 할 수 있는 일을 생각해 보라."고 도전했던 것이다. 지혜로운 지도자로서, 국민들의 헌신 없이 국가가 다시 일어설 수 없음을 그들은 너무도 잘 알았으리라.

교회도 예외가 아니다. 성도들의 헌신 없이 세상의 희망이 되는 교회는 세워지지 않는다. 릭 워렌이 멋지게 말한 것처럼 "위대한 계명과 위대한 사명에 대한 위대한 헌신이 위대한 교회를 만든다."[47] 우리는 그야말로 '피와 땀과 눈물'을 예수 그리스도의 교회를 세우는 데 쏟아야 한다. 예수님은 교회를 위해 자신을 내어 주셨다고 성경은 말한다. 사도 바울을 비롯한 수많은 하나님의 사람들도 교회를 위해 목숨을 바치지 않았던가.

워렌 위어스비Warren Wiersbe는 "하나님의 축복blessing을 경험하려면 약간의 피 흘림bleeding이 있어야 한다."[48]고 했는데 이는 교회에 대한 헌신에도 동일하게 적용된다. 교회의 목회자로서 나는 성도들이 그야말로 '피 흘림'의 헌신을 주님과 그분의 교회에 드리는 것을 보고 듣는다. 중국의 소수민족에게 사역하는 어떤 선교사는 어느 날 예수님을 믿은 지 얼마 되지 않는 두 명의 가난한 중국인 제자가 차례로 쓰러지는 것을 목격했다. 나중에 알게 된 사실은 두 사람이 주님의 십자가 은혜를 체험하고는 자기들을 그렇게 사랑하는 주님께 무언가를 드리고 싶어 피를 뽑았다는 것이다. 나는 이 이야기를 듣고 가슴 뭉클한 감동과 함께 부끄러움을 느꼈다. 모든 사람이 피를 뽑아야 한다는 뜻은 물론 아니다. 그러나 이런 막무가내의 헌신이 교회를 세운다는 사실을 우리는 배워야 한다.

아무리 자원이 많고 조건이 좋아도 헌신이 없으면 세상의 희망이 되는 사도행전적 교회는 세워지지 않는다. 나는 대부분의 성도들이 박사,

교수, 엘리트로 구성된 한 교회에 대하여 들은 적이 있다. 그 교회는 80명 정도의 교인들이 모이는데 자신들의 문화적 수준을 유지하기 위해 전도나 어떤 아웃리치도 하지 않는다고 했다. 그들은 새로운 사람들이 교회에 들어오는 것을 좋아하지 않으며 자신들의 안전을 해치는 어떤 위험한 메시지도 환영하지 않는다는 것이다. 세상은 이런 교회로부터 어떤 메시지를 받을까? 주님은 이런 교회에 대해 어떻게 생각하실까?

빌 하이벨스는 대학생 시절 성경을 가르치던 프랑스 출신의 길버트 빌레지키언Gilbert Bilezikien 교수로부터 성경적으로 기능하는 아름다운 신앙 공동체인 사도행전 2장의 교회에 대해 듣고 그 같은 강력한 교회를 세우고자 하는 꿈을 가지기 시작했다. 그는 이 꿈을 이루기 위해 아버지께 받을 상속을 포기하고 몇몇의 청년들과 함께 집집마다 토마토를 팔면서 지금의 윌로우크릭교회를 세웠다. 내가 속한 교단의 여러 선배 목회자들도 주님의 교회에 대한 열정 때문에 자신의 인간적인 목표를 포기하고 천막 생활을 하고 밥을 굶어 가면서 자기 삶을 교회 개척과 성장에 드렸다. 이런 헌신이 세상의 희망이 되는 교회를 가능하게 한다. 그리고 주님의 교회는 이런 헌신을 쏟아부을 만한 가치가 충분히 있다.

불완전한 가운데서도

교회는 소중하다. 그것은 우리의 영적 가족이며 우리를 자라게 하는 성장의 모판이다. 그것은 하나님께서 임재하시는 거룩한 성전이며 오늘날 이 세상에서 움직이는 그리스도의 몸이다. 교회가 없다고 상상해 보라. 우리는 천애의 고아보다 더 비참하며 들판에 혼자 내던져진 새끼 노루보다 더 위험한 존재가 된다. 세상을 구원하시고 치유하시는 하나님의 일은 치명타를 입게 될 것이다. 교회는 그처럼 소중하다.

물론 교회는 완전하지 않다. 신약성경의 높은 기준에 미치지 못하며 위선, 갈등, 실패와 한계로 비틀거리기 일쑤다. 그러나 생각해 보라. 우리 각자가 완전하지 않은데 어떻게 교회가 완전하길 바라겠는가? 그렇다. 교회는 앞으로도 결코 완전할 수 없다. 그렇다면 포기해야 하는가? 사실 흠이 많고 불완전한 지상의 교회를 '세상의 유일한 희망'으로 운운하는 것 자체가 우습게 들릴 수 있다. 하나님의 의도에 맞는 제대로 된 교회를 세우는 것이 불가능하게 여겨질 수도 있다.

그러나 나는 필립 얀시가 소개한 작곡가 이고르 스트라빈스키의 이야기에서 희망을 보았다. 한번은 스트라빈스키가 대단히 어려운 바이올린 연주곡을 썼다. 곡을 받은 연주자는 몇 주를 연습했지만 결과는 참담했다. 그는 스트라빈스키에게 와서 그 곡을 연주할 수 없다고 말했다. 연주자는 최선의 노력을 기울였지만 곡이 너무 어려웠다고 불평했다. 그러다 그는 금방 자신의 말을 수정하면서 곡이 어려운 정도가 아니라 연주 자체가 불가능했다고 털어놓았다. 작곡가가 대답했다.

"이해합니다. 내가 의도하는 바는 어떻게든 그 곡을 연주해 보려고 애

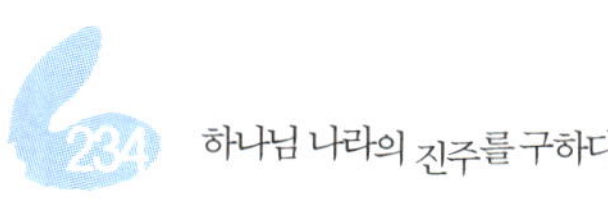

쓸 때 나오는 그 소리입니다."[49]

어쩌면 그것이 하나님께서 지상교회에 의도하신 것인지도 모른다. 어렵고 힘들지만, 불가능하다고 여겨질 때도 있지만 교회다운 교회를 만들기 위해 최선을 다할 때, 하나님이 의도하신 소리가 날 것이다. 불완전한 가운데서도 교회는 하나님의 은혜 가운데 세상의 희망이 될 수 있을 것이다.

1. 교회에서 당신이 경험한 재미있는 에피소드나 인상적인 사건 등을 서로 나누라.

2. 교회의 가치에 대해 이 글에서 당신이 배운 것은 무엇인가? 지금 출석하는 교회는 당신에게 얼마나 소중한가?

3. "예루살렘교회는 말씀의 가르침과 상호 돌봄 그리고 예배와 전도에 헌신한 교회"라고 저자는 말한다. 당신의 교회를 이런 식으로 묘사한다면 어떤 표현이 나올까? 지금 현재 당신에게 가장 필요한 것은 무엇인가?

4. 당신은 "하나님의 축복을 경험하려면 약간의 피 흘림이 있어야 한다."는 위어스비의 말에 대해 어떻게 생각하는가? 당신은 지금 섬기고 있는 교회를 세우기 위해 어떤 헌신을 했는가?

5. 이고르 스트라빈스키의 이야기가 당신에게 주는 가장 큰 교훈은 무엇인가?

6. 당신의 교회가 세상의 희망이 되는 교회가 되기 위해 당신이 할 수 있는 일은 무엇인가?

12장

우리의 우선순위 : 하나님 나라

고등학교 친구 중에 혼혈이 있었다. 가수 윤수일 씨를 닮은 친구였는데, 처음에는 자기가 혼혈인지 몰랐다고 했다. 미군 부대에서 근무하던 어머니는 자기가 아주 어릴 때 백인 아버지와 헤어졌고, 그 후에 한국 남자와 결혼해서 한국인 부부의 자녀로만 알았던 것이다. 그래도 한국 아이들과는 다른 무언가가 있다고 느꼈지만 애써 그런 감정을 무시하며 살았다고 했다. 십대 후반으로 접어들 무렵, 그의 외모는 더 이상 이국적인 외모로 볼 수준이 아니었다. 결국 출생의 비밀을 알게 되어 한동안 심하게 방황하기도 했다. 그런 다음에 미국에 가서 살아야겠다고 결심했다. 늘 이상한 시선으로 자기를 바라보는 사람들 속에서 이방인으로 느껴졌기 때문에 결심은 더욱 굳어졌다. 본격적으로 미국으로 갈 기회를 잡으려 했지만, 지금처럼 해외여행이 자유로운 시절이 아니었기 때문에 미국에 가는 것이 전혀 쉬운 일이 아니었다. 그는 영어회화를 공부하고 당시 군부대 안에서 운용했던 미국 대학의 분교에 지원 상담을 받아서 들어가려고 애썼다. 미국인 친구를 사귀기 위해 미군 부대 앞에서 얼쩡거리기도 했다. 그 친구의 머릿속은 미국에 대한 생각밖에 없었다. 언제나 미국에 대한 삶을 꿈꿨고 미국에 갈 작은 기회라도 잡을 수 있다면 어디든 갔다.

마침내 그는 미국에서 온 평화봉사단 단원과 교제하게 되었다. 그 여자와 결혼하기 위해 생전 처음 교회에 나가고 한 장로교회에서 세례도 받았다. 약혼녀는 그가 알랭 드롱처럼 잘생겼다면서 행복해 했다. 그는 약혼녀와 결혼하여 그토록 가고 싶어 했던 미국에 갔고, 미국 시민권자가 되었다.

이 친구의 이야기는 이 땅에 살면서 또 다른 나라, 즉 하나님 나라를 추구해야 하는 그리스도인의 삶에 대해 무언가를 예시해 준다. 그가 미국을 그렇게 원하고 추구했던 것처럼 그리스도인들도 하나님 나라를 추구해야 한다. 예수님은 마태복음 6:33에서 "그런즉 너희는 먼저 그의 나라와 그의 의를 구하라."고 분명히 말씀하셨다. '먼저'first라는 단어를 유의해 보라. 하나님 나라는 우리가 가장 첫 번째로 추구해야 할 우선적 가치이다.

밭에 감추인 보화

하나님 나라는 얼마나 중요한가? 이미 언급한 것처럼 예수님은 하나님 나라를 무엇보다 먼저 추구해야 할 것으로 말씀하셨다. 구체적으로 의식주와 같은 기본적인 필요보다 더 하나님 나라를 우선적으로 추구하라고 하신다. 우리 속담에 '금강산도 식후경'이라는 말이 있다. 그만큼 먹는 것이 중요하다는 뜻이다. 내가 교수로 섬기는 신학교에는 시험 기간에 학생들이 꼭 밤참을 먹는다. 특별히 공부를 많이 하는 것 같지 않은데 그 전통은 꼭 챙긴다. 엄청 먹고는 배가 부르다며 12시까지 탁구를 치다가 피곤해서 자는 학생도 있다. 그러면서 '다 먹자고 하는 일 아니냐?'며 양심을 달래기도 한다. 물론 열심히 하는 학생은 정말 열심히 하지만, 공부보다 먹는 것을 더 중요하게 여기는 학생들도 더러 있다. 먹고 입는 문제는 현재 우리 사회의 가장 큰 관심사이다. 지난 대선, '경제를 살리겠습니다.'라는 캐치프레이즈를 내건 대기업 CEO 출신의 후보가 대통령에 당선된 것은 이를 잘 나타낸다. 그러나 그렇게 중요한 의식주 문제보다 먼저 하나님 나라를 추구하라고 예수님은 주문하신다.

하나님 나라는 예수님이 전하신 메시지의 핵심이었다. 그분이 갈릴리에서 공생애를 시작하면서 처음 하신 설교의 중심 내용은 "회개하라 천국이 가까웠느니라."^{마 4:17}였고 부활하신 후 40일 동안 제자들에게 가르치신 내용의 주제도 "하나님 나라의 일"^{행 1:3}에 관한 것이었다. 하나님 나라의 개념을 이해하지 않고 예수님의 메시지와 사역을 이해하는 것은 불가능하다. 사실 하나님 나라는 성경의 계시를 통일하는 중심 카테고리이다. 존 브라잇_{John Bright} 박사는 "하나님 나라가 무엇인가를 이해하는 것은

성경에 있는 구원의 복음의 중심부로 다가가는 것과 같다."고 했다. [50]

하나님 나라를 그 무엇보다 먼저 구해야 하는 것은 그 나라가 그만큼 가치 있기 때문이다. 예수님은 마태복음 13장에서 '극히 값진 진주'의 비유를 사용하여 하나님 나라는 값을 매길 수 없는 가치를 지니고 있음을 강조하셨다.

> 천국은 마치 밭에 감추인 보화와 같으니 사람이 이를 발견한 후 숨겨 두고 기뻐하며 돌아가서 자기의 소유를 다 팔아 그 밭을 사느니라 또 천국은 마치 좋은 진주를 구하는 장사와 같으니 극히 값진 진주 하나를 발견하매 가서 자기의 소유를 다 팔아 그 진주를 사느니라 마 13:44-46

이 말씀은 천국, 다시 말해 하나님 나라의 가치를 말하고 있지만 누구나 다 하나님 나라의 가치를 아는 것은 아님도 말해 주고 있다. 그것은 '밭에 감추인 보화'와 같다. 그러나 그 가치를 발견한 사람은 그것에 아낌없는 투자를 할 것이다. 그의 삶에서 이보다 더 우선되는 것은 없을 것이라는 말씀이다. 올바른 우선순위를 가지는 것은 중요하다. 먼저 해야 할 것이 있고 그렇지 않은 것이 있다.

애틀랜타에 사는 한 부부가 뉴욕 브로드웨이에서 "마이 페어 레이디" My Fair Lady라는 뮤지컬이 공연된다는 소식을 들었다. 몇 달 전에 예매를 하고 공연 일정에 맞추어 휴가를 계획했다. 앞에서 일곱째 줄, 딱 좋은 자리였다. 극장을 둘러보니 전 좌석이 다 찼는데, 이들의 옆자리 하나만 비어 있었다. 막간을 이용하여 남편은 그 빈 좌석 옆자리에 앉아 있는 여자에게 말을 걸었다. 자기들은 몇 달 전에 표를 구해 이렇게 어렵게 왔는데 누가 이 어렵고 비싼 표를 사 놓고는 오지 않았는지 모르겠다고 했다. 그러자 여자는 "사실 이 두 자리는 다 제 것이에요."라고 대답했다. 그러면서 "당신 옆의 빈자리는 제 남편이 앉을 자리인데, 그는 죽었어요."라고 덧붙였다. 그 말을 듣고서 말을 걸었던 남자는 "정말 유감이군요. 그런데 남편이 돌아가셨으면 친구라도 초대해서 같이 오시지 그러셨어요?"라고 물었다. 여자는 "아니요. 그럴 수가 없답니다. 제 친구들은 지금 다 제 남편 장례식에 참석하고 있거든요."라고 대답했다. 아무리 뮤지컬에 미쳤어도 이건 아니다. 완전히 우선순위가 잘못되었다.

예수님은 의식주보다 하나님 나라를 먼저 구하라고 하신다. 그 나라에 인생을 투자하라고 하신다. 예수님이 현실을 모르고 잘못 말씀하신 것 같은가? 그렇지 않다. 뭐가 가치 있는지를 아시며 인생의 선후를 아시는 그분이 그렇게 말씀하셨으면 그건 맞는 것이다. 우리가 하나님 나라보다 돈, 출세, 자식, 경력과 같은 다른 것을 앞세운다면, 그것은 남편의 장례식 날 뮤지컬에 혼자 온 여자처럼 완전히 잘못된 것이다.

뒷마당에 침입한 왕

하나님 나라를 우선적으로 추구해야 한다는 말은 교회를 다닌 사람이라면 이미 들었을 가능성이 많다. 문제는 '하나님 나라가 무엇인가?'라는 데 있다. 우리는 설교나 가르침에서 하나님 나라에 대해 듣지만, 그 개념에 대한 설명은 잘 듣지 못한다. 때론 누군가가 "하나님 나라가 확장되게 해 주세요."라고 기도하지만, 단지 교회성장의 또 다른 표현으로 생각하기도 한다. 정확히 하나님 나라는 무엇을 의미하는가?

먼저 '하나님 나라'와 '하늘나라' 또는 '천국'과의 관계부터 규명하자. 이 둘은 같은 것인가, 아닌가? 찬송가를 보면, 천국과 하나님 나라가 다른 제목으로 분류되어 있음을 확인할 수 있다. '천국' 아래에는 주로 장례 예배 때 부르는 찬송이 많이 속해 있고, '하나님 나라'는 교회라는 큰 주제 아래에 있다. 다시 말해 하늘나라와 천국이 우리가 죽어서 가는 곳이라면, 하나님 나라는 교회의 다른 이름, 교회의 선교적 차원으로 이해되는 것 같다. 예전에 일부 학자들도 하나님 나라와 천국을 다르게 구분했지만, 요즘은 다르게 보는 학자들이 거의 없다.

복음서 기자 중에 특별히 마태는 '천국'the kingdom of heaven이라는 표현을 즐겨 썼지만, 죽음 후에 가는 곳의 의미로는 거의 사용하지 않았다. 천국은 하나님 나라의 또 다른 표현이다. 흔히 '하늘의 뜻'이라거나, '하늘이 도왔다'라고 표현하듯이, 우리는 가끔 하나님을 하늘이라는 용어로 묘사하기도 한다.

천국 또는 하나님 나라는 과연 무엇을 말하는 것일까? 가장 쉽게 말하자면, 하나님께서 다스리시는 나라, 하나님의 의로운 통치권이 실현되는 나라가 바로 하나님 나라이다. 이 나라는 예수님이 재림하시고 새 하늘과

새 땅이 도래할 때 온 우주에 완벽하게 실현될 것이다. 그때 죄와 사망과 불의와 고통이 더 이상 이 나라에서 발붙이지 못할 것이다. 아동 성폭행, 복부 비만, 말기 암은 지나간 세상의 이야기일 따름이다. 전쟁이나 테러, 유괴도 마찬가지다. 우리는 부활하여 영육 간에 최고의 모습으로 완전히 회복된 우주를 활보할 것이다. 의롭고 선하신 하나님의 통치 가운데 사랑과 정의와 평화로 가득 찬 우주적 공동체에서 영원히 복락을 누리게 될 것이다.

그러나 그것은 하나님 나라의 한 가지 차원만을 묘사한 데 불과하다. 하나님 나라에는 미래적 차원과 함께 현재적 차원이 있다. 사실 지금까지 우리는 천국이나 하나님 나라를 말할 때 그것의 현재적 차원을 무시하는 경향이 있었다. 한 주일학교 교사가 학생들이 복음을 제대로 이해하고 있는가를 알기 위해 다음과 같은 질문을 했다.

"내가 만약 집과 차를 팔아 그 돈을 교회에 헌금하면 천국에 갈 수 있을까요?"

"아니요."라고 아이들이 대답했다.

"그럼, 교회 청소하고 열심히 봉사하면 될까요?"

이번에도 "아니요."라는 대답이 돌아왔다.

"그럼, 동물을 잘 돌보고 아이들에게 사탕을 주고 가족을 사랑하면 그 곳에 갈 수 있을까요?"

"아니요." 대답은 같았다.

"그럼, 어떻게 하면 천국에 갈 수 있을까요?"

다섯 살짜리 남자아이가 손을 들고 소리쳤다. "죽어야 해요!"

그 아이의 대답은 많은 그리스도인들의 생각이 아닐까? 그러나 천국은 죽어야만 가는 곳이 아니다. 그 나라는 지금 여기서 시작된다. 예수님께서는 사역을 시작하시면서 천국이 가까이 왔다고 선포하셨다. 한번은 하나님 나라가 어느 때에 임하느냐고 묻는 바리새인의 질문에 대해 "하나님의 나라는 너희 안에 있느니라."눅 17:21고 대답하시기도 했다. 이 구절은 표준새번역이 번역한 것처럼 "하나님의 나라는 너희 가운데에 있다."고 번역하는 것이 옳다. 2,000년 전 예수께서 이 땅에 오심으로 하나님 나라는 이 세상에 교두보를 마련했다. 그 나라는 이 세상에서 강력하게 자라고 있다. 하나님 나라는 미래시제인 동시에 현재시제이다. 지금 바로 여기서 하나님은 예수 그리스도를 주로 고백하는 사람들을 다스리고 계신다. 그리고 그들을 통해서 그 나라의 가치 구현과 통치권을 넓혀 가신다. 존 오트버그는 하나님 나라를 묘사하면서 "하나님이 우리의 뒷마당에 침입하셔서 원하는 자에게 그분의 임재와 능력을 베풀고 계신다."고 말했다.[51] 하나님 나라는 그만큼 가깝다. 우리 뒷마당, 우리 응접실, 우리 회사, 우리 학교에 그분이 오셔서 그 임재와 능력을 베풀기 원하신다. 당신은 지금 하나님 나라를 경험할 수 있다.

극히 값진 진주를 찾아서

하나님 나라를 그 무엇보다도 먼저 구하기 위해서는 어떻게 해야 할까? 예수님께서 마태복음 13장에서 쓰셨던 비유에 따르면, 하나님 나라를 구하는 것은 극히 값진 진주를 찾는 것과 같다. 하나님 나라를 우선순위에 두고 그것을 추구하는 삶을 위한 몇 가지 구체적인 방안들을 살펴보자. 언제나 중요한 것은 아는 것이 아니라, 실천하는 것이다.

먼저 하나님 나라를 구하려면, 하나님께 마음의 보좌를 내어 드려야 한다. 즉 기꺼이 하나님의 다스림을 받으려 해야 한다. 내 욕망이나 일반 상식, 또래집단의 압박이나 세상의 권위자가 아니라, 하나님께 순종하고 그분의 인도하심을 따르며 그분의 뜻을 좇아야 한다. 예수님께서 가르쳐 주신 기도문을 보면 하나님 나라가 임하기를 기도한 후 "뜻이 하늘에서 이루어진 것같이 땅에서도 이루어지이다."^{마 6:10}라는 구절이 있다. 내 뜻이 땅에서 이루어진 것같이 하늘에서도 이루어지기를 구하는 것이 아니라 하나님의 뜻이 하늘에서 이룬 것같이 땅에서, 곧 내 삶 가운데서 이루어지기를 구해야 한다. 때론 손해가 있어도, 내 계획을 수정해야 하더라도, 다수의 의견과 달라도, 우리는 그분의 말씀과 뜻에 순종해야 한다. 그분을 중심에 모시는 하나님 중심의 삶을 살아야 한다.

전국 공처가 대회가 열렸다. 시도의 치열한 예선을 뚫고 내로라하는 공처가들이 모였다. 1등에 뽑히면 대단한 상을 타게 된다. 심사 위원장이 테스트를 실시했다. 첫 번째 테스트는 자기 부인을 무서워하는 사람은 다

오른편에 모이라는 것이었다. 모두 오른편으로 옮겼는데 한 사람만 왼편에 서 있었다. 그냥 탈락시키려다가 호기심에서 물었다.

"당신은 부인이 무섭지 않습니까?"

그는 대답했다.

"아니요. 무지하게 무섭습니다."

심사관의 궁금증이 증폭되었다.

"아니, 그런데 왜 오른편에 오지 않았나요?"

이 남자가 대답했다.

"아침에 와이프가 사람들이 많이 모이는 곳에 가지 말랬거든요."

하나님 나라를 구하는 자는 이렇게 해야 한다. 누가 뭐라든지 하나님께 순종하고 언제 어디서건 그분의 다스림을 받으려는 자가 하나님 나라를 추구하는 사람이다.

둘째, 하나님 나라의 가치를 구현해야 한다. 이 세상의 나라들도 나름대로 소중히 여기는 가치가 있다. 우리나라는 단일민족의 통일성과 장유유서와 같은 유교적 질서를 가치 있게 여긴다. 미국은 이민자로 이루어진 나라답게 다양성과 자유경쟁을 가치 있게 여긴다. 북한의 위정자들은 주체사상과 무력을 가치 있게 여기는 것 같다. 하나님 나라의 가치는 무엇일까? 바울은 로마서 14:17에서 "하나님의 나라는 먹는 것과 마시는 것이 아니요 오직 성령 안에 있는 의와 평강과 희락이라."고 했다. 정의와 평화 그리고 기쁨이 하나님 나라의 가치이다. 우리는 내 가정과 직장과 사회와 교회에 이런 가치들이 구현되도록 노력해야 한다. 특별히 교회는 그 무엇보다 하나님 나라의 가치를 구현하는 공동체가 되어야 한다. 차별이나 교회의 사유화, 물량주의 같은 잘못된 일들이 교회의 정의와 평화 그리고 기쁨을 해치게 해서는 안 된다. 그러기 위해서 교회는 '대항문화 공동체'counter-culture community가 되어야 한다.[52] 교회 안에서부터 하나님 나라의 가치를 구현하도록 힘써서 의로움과 평화와 기쁨이 지배하는 공동체가 되도록 해야 한다.

오트버그는 우리가 하나님 나라의 가치를 구현할 때마다 천국이 이 세상에 침입한다고 했다.[53] 나를 해친 사람에게 복수하기보다 용서할 때 천국이 침입한다. 특별 보너스로 헐벗고 굶주린 사람들을 도울 때 천국이 침입한다. 일중독자가 더 이상 일을 우상으로 섬기지 않기로 결심하고 누군가를 사랑하기 위해 삶을 재조정할 때 천국이 침입한다. 그러므로 하나님 나라의 가치를 구현할 때 기억하라. 당신은 이 땅에 천국의 교두보를 형성하고 있다.

셋째, 공동체의 삶에 참여해야 한다. 앞에서 믿음과 마음의 개발을 설명하면서도 이미 언급했지만 기독교 영성에 있어서 공동체의 존재는 과히 절대적이다. 우리는 공동체와 동떨어져 영성을 개발할 수 없고 기독교적 가치를 구현할 수도 없다. 하나님 나라도 예외가 아니다. 종말론적 하나님 나라는 무엇보다도 하나님과 구속받은 사람들과 또 회복된 피조물들이 완벽한 하모니를 이루는 공동체이다. 그러므로 하나님 나라를 추구한다는 것은 공동체적 삶에 참여함을 의미한다. 하나님 나라의 백성으로서 우리는 서로 관계를 맺고 사랑을 주고받아야 한다. 서로 받아 주고 중보하며 나눌 수 있어야 한다. 내가 섬기는 신학교에서 얼마 전 장학금을 받은 한 학생은 자기보다 더 어려운 사람에게 주라면서 장학금을 반납해서 우리를 감동시켰다.

가끔씩 상당한 재능과 은사를 뽐내지만 교회의 공동체 생활에서 어려움을 겪는 성도들을 본다. 지나치게 까다롭거나, 거칠고 무례하거나, 또는 교만하거나 둔감해서 타인에게 상처를 주는 사람들도 있고 너무 예민하고 자존감이 낮아 쉽게 상처를 받는 사람도 있다. 영성은 능력이나 재능이 아니다. 기독교 영성은 심오하게 관계적이다. 공동체적 삶에 참여하는 것은 쉬운 일이 아니다. 우리는 본성이 이기적인데다가 다들 정신없이 바쁘다. 거기다 별의별 사람이 다 있다. 사실 우리는 다 정상이 아니다. 언뜻 보면 잘 모르지만 어딘가 조금씩 문제가 있고 잘못된 부분이 있다. 다 타락한 죄인이 아닌가? 그래서 바울은 이렇게 권면한다. "서로 친절하게 하며 불쌍히 여기며 서로 용서하기를 하나님이 그리스도 안에서 너희를 용서하심과 같이 하라."엡 4:32

넷째, 하나님 나라의 일에 헌신해야 한다. 하나님은 우리 각자에게 은사와 자원을 주셨다. 우리는 그것을 나의 유익만을 위해 쓸 것이 아니라 하나님 나라의 일에 써야 한다. 하나님 나라의 일은 교회의 사역을 포함하지만 그것에 국한되지 않는다. 이 세상에서 하나님의 의와 평화와 기쁨을 진작시키는 일은 다 하나님 나라의 일이다. 하나님의 이름으로 불행한 아이들을 후원하며, 환경 보존을 위해 힘쓰며, 독재 정권과 싸우며, 탈북자를 돕는 것은 오지에서 복음을 전하는 것과 마찬가지로 하나님 나라의 일이다. 그런 면에서 자기 아이가 있는데도 고아를 입양하고 "컴패션"
이라는 어린이구호단체에 거액을 헌금할 뿐 아니라 자신의 인기와 영향
력을 이용해 그 단체의 홍보대사 역할을 하는 차인표, 신애라 부부는 훌
륭한 하나님 나라의 일꾼이다. 자신의 은사와 자원을 가지고 성령의 능력
가운데 할 수 있는 일을 하라. 너무 거창하게 생각하지 않아도 된다. 이미
말한 그런 단체를 통하면 얼마 되지 않는 돈으로도 가난한 나라의 어린이
한 명을 후원할 수 있다. 스프레이를 함부로 뿌리지 않거나 철저히 쓰레
기를 재활용하는 것, 충동구매를 줄이고 보다 단순한 삶을 실천하는 것은
다 하나님 나라의 일이 될 수 있다.

다섯째, 하나님 나라의 복음을 전혜야 한다. 예수님은 하나님 나라의
복음을 전하셨다. 누가복음 4:43에서 예수님은 이렇게 말씀하셨다. "예
수께서 이르시되 내가 다른 동네들에서도 하나님의 나라 복음을 전하여
야 하리니 나는 이 일을 위해 보내심을 받았노라." 하나님 나라의 복음을
전한다 함은 단지 예수 믿으면 죽어서 천당 간다는 복음을 전하는 것이
아니다. 그것은 내세뿐 아니라 지금 여기서 하나님 나라가 시작될 수 있
다는 소식이다. 그것은 누구든지 예수를 믿으면 선하고 의로우신 하나님
의 다스림이 그 삶에 임하여 그가 변화될 수 있다는 소식이다. 우리는 "하
나님이 우리의 뒷마당에 침입하셔서서 원하는 자에게 그분의 임재와 능력
을 베풀고 계신다."는 그 기쁜 소식을 전해야 한다. 그러기 위해서는 우리
의 삶이 하나님의 다스림을 드러내야 한다. 복음을 전할 뿐 아니라 복음
을 우리의 삶으로 살아 내어야 한다. 그저 오디오만 작동하는 것이 아니

라 '오디오비주얼 크리스천'이 되어야 한다. 그야말로 그들 자신이 복음이 되어야 한다.

이 모든 일에는 대가가 요구된다. 그냥 하나님 나라가 우리에게 임하지 않는다. 후안 카를로스 오르티즈Juan Carlos Ortiz는 『제자입니까?』Disciple라는 책에서 성화된 상상력을 발휘하여 진주를 사고자 하는 한 사람의 이야기를 들려준다. 이 이야기는 하나님 나라를 그 무엇보다 먼저 구하는 사람에게 요구되는 헌신을 잘 묘사한다.

"이 진주를 사고 싶은데 가격이 어떻게 되죠?"

"글쎄요." 상인이 말한다. "그건 매우 비싼데요."

"얼마나 비쌉니까?" 내가 묻는다.

"매우 많은 돈이 들 겁니다." 그가 대답한다.

"내가 그것을 살 수 있을까요?" 나는 다시 묻는다.

"그럼요, 누구든 그것을 살 수 있지요." 그는 고개를 끄덕이며 대답한다.

"그렇지만 당신은 그것이 매우 비싸다고 말하지 않았습니까?" 나는 이의를 제기한다.

"그렇습니다." 그는 인정한다.

"그러면 도대체 얼마입니까?" 나는 호기심이 동해 묻는다.

"당신이 가진 모든 것이요." 상인이 덤덤하게 말한다.

"좋습니다. 그것을 사지요." 나는 결심하며 말한다.

"자, 당신은 무엇을 갖고 있습니까?" 그는 알기를 원한다. "그것을 여기 쓰십시오."

"은행에 만 달러가 있습니다."

"좋소. 만 달러라고 하셨죠? 또 다른 것은 없습니까?" 그는 확인한다.

"그게 다입니다. 그게 내가 가진 전부라구요." 나는 진지하게 답한다.

"정말 더는 없습니까?"

"글쎄요, 여기 내 주머니에 몇 달러가 더 있긴 하지만요."

"얼마입니까?"

나는 주머니를 뒤진다. "봅시다. 삼십, 사십, 육십, 팔십, 백, 백이십 달러군요."

"좋아요. 또 다른 것은 더 가진 게 없구요?"

"이젠 없습니다. 그게 다예요."

"지금 어디서 살고 있습니까?" 그는 계속해서 물어보고 있다.

"우리 집에 살지요. 그렇군요. 내게 집이 있군요."

"그럼 그 집도 여기 포함시킵시다." 그는 그것을 종이에 적는다.

"당신은 내가 캠핑용 차에 살아야 한다는 말입니까?" 나는 항의한다.

"캠핑용 차도 있습니까? 그럼 그것도 여기 적읍시다. 또 뭐가 있습니까?"

"이젠 내 승용차 안에서 자야 되겠군요." 나는 기가 막혀 내뱉는다.

"승용차도 있습니까?" 그는 단서를 잡은 형사처럼 캐묻는다.

"두 대가 있지요."

"둘 다 내 것이 됩니다. 두 대의 차 다 말입니다. 다른 것은 또 없습니까?"

"이봐요. 당신은 이미 내 돈과 집과 캠핑용 차와 승용차 두 대를 가졌습니다.

무얼 더 원하십니까?" 나는 볼멘소리를 한다.

"당신은 이 세상에서 혼자입니까?" 그는 포기하지 않고 묻는다.

"아니요, 아내와 두 자녀가 있지요."

"아, 그렇습니까? 그러면 그들도 내 소유입니다. 또 없습니까?"

"내게 남아 있는 것은 아무것도 없습니다. 이제 나는 혼자 남았어요."

갑자기 그 상인은 큰 소리로 외친다. "아참. 거의 잊어버릴 뻔했군요! 당신도 예외가 아닙니다! 모든 것이 내 것이 됩니다. 아내와 자녀들과 집과 돈과 차들…그리고 당신도 내 것입니다."

그런 다음 그는 말을 계속한다. "이제 잘 들어요. 나는 얼마 동안 이 모든 것들을 당신이 사용하도록 허용할 것입니다. 그러나 당신이 내 것인 것과 같이 그것들도 다 내 것이라는 사실을 잊지 마시오. 그리고 그 가운데 어떤 것이든 내가 필요할 때면 당신은 그때마다 그것들을 포기해야 합니다. 왜냐하면 이제 내가 주인이니까요."[54]

진주를 사는 것처럼 하나님 나라를 구하며 이 땅에서 그 나라를 구현하려는 삶은 결코 공짜가 아니다. 우리는 많은 대가를 지불해야 한다. 그러나 그것은 그만한 가치가 있다. 하나님 나라는 이 땅의 그 무엇과도 비길 수 없이 극히 값진 진주이기 때문이다.

1. 거주할 나라를 선택할 수 있다면 어떤 나라에서 살기 원하는가? 그 이유는?

2. 매일의 삶―시간과 돈과 에너지를 사용하고 신경과 관심을 쏟는 것―을 근거로 당신의 우선순위를 한번 열거해 보라. 하나님 나라의 추구는 어디쯤 있는가?

3. 저자는 하나님 나라의 현재성과 미래성에 대해 말했다. 요약해서 설명해 보라. 지금 삶의 현장에서 하나님 나라를 경험하기 위해 당신이 해야 할 가장 기본적인 것은 무엇인가?

4. 존 오트버그는 정의와 평화와 기쁨과 같은 하나님 나라의 가치를 구현할 때마다 천국이 이 세상에 침입한다고 했다. 당신의 가정이나 교회나 회사를 천국의 교두보로 만들기 위해 당신이 우선적으로 구현해야 할 하나님 나라의 가치는 무엇인가?

5. 저자는 "이 세상에서 하나님의 의와 평화와 기쁨을 진작시키는 일은 다 하나님 나라의 일이다."라고 했다. 당신이 할 수 있는 하나님 나라의 일을 구체적으로 말해 보라.

6. 하나님 나라의 복음을 전하기 위해서는 '오디오비쥬얼 크리스천'이 되어야 한다. 당신의 삶은 하나님 나라의 복음을 드러내고 있는가? 평가해 보라.

7. 오르티즈의 진주 장사 이야기를 읽고 느낀 바를 서로 나누라.

에필로그

오래전에 감동적으로 보았던 "불의 전차"Chariots of Fire라는 영화가 기억난다. 그 영화는 1924년 파리 올림픽 경기에 영국의 육상대표로 참가했던 헤롤드 에이브람Harold Abraham과 에릭 리들Eric Riddell의 이야기를 다루고 있다. 에릭 리들은 중국 선교사의 자제로 에딘버러대학에 입학한 뒤 본격적인 육상 선수로의 길을 걷는다. 그는 영국 내에서 열린 모든 단거리 육상대회를 휩쓸면서 마침내 영국의 국가대표로 올림픽에 참여한다.

리들은 모든 사람이 인정하는 100m 경기의 강력한 우승 후보였다. 그러나 경기 일정이 발표되었는데 첫 예선이 주일에 시작되는 것이 아닌가. 리들은 그 일정표를 보자마자 "저는 주일에는 안 뜁니다."라며 자신의 단호한 결정을 알렸다. 그의 그런 결정은 숱한 비난과 냉소적 반응을 불러일으켰다. 사람들은 그를 가리켜 '편협하고 옹졸한 신앙인', '신앙을 소매

끝에 달고 다니는 신앙심 깊은 척하는 위선자', '조국의 명예를 버린 배신자'라고 맹비난하였다. 그럼에도 불구하고 리들은 100m 예선 경기를 하던 7월 6일 주일에 한 장로교회에서 간증 설교를 하였다. 그날 에릭 리들은 경기장에 나가 동료 선수들을 격려하는 일도 하지 않고, 평소처럼 교회에서 성도들을 섬기며 하나님을 예배하면서 그 주일을 온전히 하나님께 드렸다.

육상 선수로서 그의 경력은 심각한 타격을 입는 듯 했다. 그러나 하나님은 그를 버리지 않으셨다. 리들은 자신의 주종목이 아닌 200m에서 동메달을 땄고, 400m 경주에도 출전하게 되었다. 사실 400m에서 그는 다른 선수들의 들러리에 불과했다. 그러나 결승의 날, 그는 신들린 사람처럼 첫 코너를 돌았다. 경기를 지켜보던 전문가들은 "에릭이 저런 속도를 유지하다가는 도중에 쓰러져 죽을지도 모른다."고 불안함을 표현할 정도였다. 에릭은 다른 우승 후보를 제치고 47초 6이라는 세계신기록까지 세우면서 금메달을 목에 걸었다. 그가 결승전에 출전할 때 담당 안마사가 쥐어 준 쪽지가 응답되었던 것이다. 그것은 이렇게 쓰여 있었다. '구약에 이런 글이 있네, "나 하나님를 존중히 여기는 자를 나도 존중하리라." 최선의 영광이 있기를 빌면서….'

올림픽 경기로 국가적 영웅이 되었지만, 에릭 리들은 하나님과의 헌신된 약속을 지키기 위해 모든 영광을 버리고 24세의 젊은 나이에 선교를 위해 중국으로 갔다. 그는 운동선수의 화려한 명성이 중국의 무지한 농부 한 사람을 구원하는 것에 비할 것이 못 된다는 것을 아는 사람이었다. 리들은 12년간 톈진에서 교사로 봉사하며 복음을 전했으며, 그 후 7년 동안 산둥 반도의 곳곳을 다니며 농촌 지역에서 전도를 했다. 마지막으로, 2차 세계대전이 끝나기 전 몇 년 간, 1,800명의 다른 그리스도인들과 함께 일본군 치하의 한 수용소에 갇혀 지내며 타인들을 격려하는 삶을 살다가 그의 나이 44세 때인 1945년에 뇌출혈로 사망했다.

에릭 리들의 이야기는 가치가 우리의 선택에 어떤 영향을 미치며 우리의 삶을 어떻게 이끌어 가는지를 잘 보여 준다. 그는 올림픽 금메달보다 하나님을 더 소중히 여겼고 영국의 명예보다 하나님 나라의 영광을 더 귀하게 여겼다. 자신의 명성이나 부귀영화보다 한 잃어버린 중국인을 구원하는 일이 얼마나 가치 있는지를 알았다. 그랬기 때문에 하나님도 그를 귀히 여기셨고 그의 인생을 통해 수많은 사람들의 영원한 운명이 바뀌도록 그를 쓰셨던 것이다.

지금까지 우리는 하나님께서 우리에게 알게 해 주신 성경적 가치가 무엇이며 어떻게 그 가치를 구현하며 살아갈지에 대해 논의해 왔다. 이제 이 책을 덮기 전에 지금까지 읽었던 내용을 다시 한 번 상기하면서 스스로에게 질문해 보라.

"나는 무엇을 소중히 여기는가? 그 가치관은 내 삶 속에서 어떻게 나타나는가?"

당신이 품은 가치가 당신의 삶을 특별하게 만들 것이며 진정한 변화를 야기시킬 것이다. 이제 당신의 가치를 정확히 규명해 보라. 적어도 당신은 하나님께서 귀하게 여기시고 우리로 하여금 공유하기 원하시는 천국 가치가 무엇인 줄은 이제 인식하고 있으리라. 우리를 그리스도인답게 만들고 우리의 삶을 고상하게 만들어 주는 그 가치들이 어떤 것인지 지금까지 주의를 기울여 읽지 않았는가! 질문은 이것이다. '이제 그것들을 어떻게 할 것인가? 예수님의 비유에 나오는 사람처럼 자기의 소유를 다 팔아 그것을 살 것인가? 다른 어떤 것보다 귀하게 여기고 그것을 추구하며 그것에 시간과 에너지와 자원과 삶 전체를 투자할 것인가?' 그 질문에 대답함이 없이 책을 덮지 않았으면 좋겠다.

앞에서 에릭 리들의 올림픽 경기에 대해 언급했지만 글을 맺기 전에 올림픽에 대해 다시 한 번 생각해 보기를 권한다. '16일간의 영광'Sixteen days of glory이라는 별명이 붙어 있는 올림픽은 사실 가치에 대한 은유로 가득 차 있다. 금메달과 조국의 영예와 기록달성과 개인적인 성공 등 모든 것은 가치와 연관되어 있다. 선수들이 4년 또는 그 이상의 기간 동안 지옥훈련과 자기 절제의 아픔과 엄청난 투자를 기꺼이 감당하는 것은 자신들이 꿈꾸는 가치에 근거한 것이었다. 그것을 위해 그들은 모든 것을 다 바친다. 올림픽에서 분투하는 선수들의 모습이 아름다운 것은 바로 그러한 가치 지향적 삶이 내뿜는 매력 때문이다.

우리가 우리보다 훨씬 더 크고 고귀한 가치들, 이른바 '하나님 나라의 진주'를 향해 우리 자신을 드린다면 그것보다 더 아름답고 숭고한 광경은 없으리라. 그 특별한 가치에 눈뜨라. 그것을 가장 우선으로 구하고 그것에 의해 살아가라. 당신의 삶은 하늘의 보석과도 같은 그 가치들로 인해 영롱하게 빛나 그것을 바라보는 하나님과 사람들을 감동하게 할 것임에 틀림없다. 그러므로 그 가치에 눈을 크게 뜨고 예수님께서 '극히 값진 진주'라고 말한 그 아름다운 보배를 꿈꾸라. 그것을 찾고, 찾고 또 찾아라. 머지않아 당신의 삶과 신앙이 천국에서만 볼 수 있는 환상의 진주 빛으로 변화될 것을 믿으며 말이다.

주

_프롤로그

1. John Ortberg, 『우리는 만나면 힘이 납니다』 (서울: 두란노, 2006), 315-6.에 실린 이야기를 우리 상황에 맞도록 약간 각색했다.
2. 두날개 컨퍼런스로 유명한 김성곤 목사는 성도들이 하나님 나라에 유용한 존재가 되기 위해서는 성품의 변화보다도 가치의 변화가 앞서야 한다고 주장했다.

_1장 운명을 뒤바꾼 거래

3. Paul Stevens, 『내 이름은 야곱입니다』 (서울: 죠이선교회, 2005), 318.
4. Keil & Delitzsch, *Commentary on the Old Testament*, Vol. 1 (Peabody: Hendrickson, 1989), 279-80.

_2장 신종 트로이 목마 내치기

5. Donald McCullough, 『모자람의 위안: 삶의 한계를 긍정하고 감사하는 법』 (서울: IVP, 2006), 168.
6. Gordon Fee, *New International Biblical Commentary: 1 & 2 Timothy, Titus* (Peabody: Hendrickson, 1984), 143.

_3장 가격표 제대로 보는 법

7. Gordon McDonald, 『하나님이 축복하시는 삶』 (서울: IVP, 1996), 186-88.

8. Max Lucado, *When God Whispers Your Name* (Dallas: Word Publishing, 1994), 61-64.

_4장 달인가? 6펜스인가?

9. 류시화, 「그대가 곁에 있어도 나는 그대가 그립다」 (서울: 푸른숲, 1991), 74.

10. Charles Swindoll, *Hope Again: When Life Hurts And Dreams Fade* (Dallas: Word Publishing, 1996), 11.

11. Michael Frost, 『일상, 하나님의 신비』 (서울: IVP, 2002), 17.

_5장 최상의 인생지침서 : 성경

12. Keith Miller, *Edge of Adventure*. 재인용 from Charles Swindoll, 『척 스윈돌의 설교예화 1500선』 (서울: 디모데, 1998), 351-52.

13. 전광, 『백악관을 기도실로 만든 대통령 링컨』 (서울: 생명의말씀사, 2003), 49.

14. 김용규, 『철학카페에서 문학읽기』 (서울: 웅진지식하우스, 2006), 29-32.

15. John Maxwell, *The 21 Most Powerful Minutes in a Leader's Day* (Nashville: Thomas Nelson Publishers, 2000), xi.

_6장 영적 생활의 필수품 : 믿음

16. R. Kent Hughes, *Ephesians: The Mystery Of The Body Of Christ* (Wheaton: Crossway Books, 1990), 78.

17. 김영애,『갈대상자: 보이지 않는 길을 따라서』(서울: 두란노, 2004), 352.

18. Jim Cymbala,『푸른 믿음』(서울: 죠이선교회출판부, 2001), 47.

19. 신영복,『처음처럼』(서울: 랜덤하우스, 2007), 50.

20. Jim Cymbala,『푸른 믿음』, 91-95.

_7장 지상에서 영원까지 : 경건

21. W. Gunther, "godliness," in *The New International Dictionary of New Testament Theology* Vol. 2 ed. Colin Brown (Grand Rapids: Zondervan, 1986), 91-92.

22. Leith Anderson, *Winning The Value War In A Changing Culture* (Minneapolis: Bethany House Publishers, 1994), 83-89.

23. Eugene Peterson, *The Message: The New Testament in Contemporary Language* (Colorado Springs: NavPress, 1993), 442.

24. Duane Litfin & Thomas Constable, *Bible Knowledge Commentary* 27:『데살로니가전후서, 디모데전후서』(서울: 두란노, 1998), 160.

25. Dallas Willard,『영성훈련: 삶을 변화시키는 하나님의 방법에 대한 이해』(서울: 은성출판사, 1993), 10-16.

26. 이 부분에 대해 더 자세히 알기를 원하면 John Ortberg의『평범 이상의 삶』(서울: 사랑플러스, 2005), 63-85을 읽어라.

27. Gary Thomas,『영성에도 색깔이 있다』(서울: CUP, 2003), 30-40.

_8장 최고의 무형자산 : 마음

28. Dallas Willard,『마음의 혁신』(서울: 복있는사람, 2003), 21.

29. Gordon MacDonald,『내면세계의 질서와 영적 성장』(서울: IVP, 2003), 219-22.

30. Howard & William Hendricks,『삶을 변화시키는 성경연구』(서울: 디모데, 1993), 109-76.

_9장 최고 몸값 : 하나님

31. Thomas Aquinas, *Summa Theologia Vol. 2: Existence and Nature of God* (New York: McGraw Hill Book Company, 1963), 3-19.
32. James I. Packer,『하나님을 아는 지식』(서울: IVP, 2008), 55.
33. Robert E. Wells, *Is a Blue Whale the Biggest Thing There Is?* (Park Ridge, IL: Albert Whitman & Company, 1993), 32pp.
34. Millard Erickson, *Christian Theology* (Grand Rapids: Baker, 1998), 298-304.
35. John Ortberg,『생각보다 가까이 계시는 하나님』(서울: 사랑플러스, 2006), 12-14.
36. Wilber Rees, "$3.00 Worth of God", *When I Relax I Feel Guilty* by Tim Hansel (Elgin IL: David C. Cook Publishing Co., 1979), 49.
37. Lois Mowday, *The Snare: Avoiding Emotional and Sexual Entanglements* (Colorado Springs: NavPress, 1988), 66-67.

_10장 하나님이 찾으시는 보배 : 잃어버린 사람

38. Bill Hybels,『사랑하면 전도합니다』(서울: 두란노, 2006), 105-6.
39. Bill Hybels,『예수를 전염시키는 사람들』(서울: 두란노, 1997), 33.
40. Bill Hybels,『사랑하면 전도합니다』, 235-6.
41. C. S. Lewis, *Christian Reflections* (Grand Rapids: Eerdmans, 1993), 10.

_11장 세상의 유일한 희망 : 교회

42. Philip Yancey, 『교회, 나의 고민 나의 사랑』 (서울: 요단출판사, 2000), 56, 68.

43. Bill Hybels, 『리더십의 용기』 (서울: 두란노, 2003), 26.

44. Philip Yancey, 『교회, 나의 고민 나의 사랑』, 35.

45. Ray Stedman의 *Body Life* (Ventura CA: Regal Books, 1984), 182를 보라.

46. John Stott, *The Spirit, The Church, And The World: The Message of Acts* (Downers Grove: IVP, 1990), 85.

47. Rick Warren, 『새들백교회 이야기』 (서울: 디모데, 1995) 119.

48. Warren Wriesbe, *The Bible Exposition Commentary*. Vol. 2 (Wheaton: Victor Books, 1989), 75.

49. Philip yancey, 『교회, 나의 고민 나의 사랑』, 162-3.

_12장 우리의 우선순위 : 하나님 나라

50. John Bright, *The Kingdom of God* (Nashville: Abingdon, 1980), 7.

51. John Ortberg, 『생각보다 가까이 계시는 하나님』, 233.

52. Howard Snyder, 『참으로 해방된 교회』 (서울: IVP, 2005), 20-21.

53. John Ortberg, 『생각보다 가까이 계시는 하나님』, 247.

54. Juan Carlos Ortiz, 『제자입니까?』 (서울: 두란노, 1989), 38-39.